Anne Wilson Schaef

Co-Abhängigkeit

Nicht erkannt und falsch behandelt

Deutsch von Ilse Rose Bender
und Marliese Dieckmann

Verlag Mona Bögner-Kaufmann

Die amerikanische Originalausgabe erschien
unter dem Titel
"Co-Dependence. Misunderstood – Mistreated"
im Verlag Winston Press, Inc., 600 First Avenue North,
Minneapolis, Minnesota 55403.

D – 7277 Wildberg
Printed in Germany 1986
Satz: Alwin Maisch, Gerlingen

CIP Kurztitelaufnahme der Deutschen Bibliothek

Schaef, Anne Wilson:
Co-Abhängigkeit: nicht erkannt u. falsch behandelt /
Anne Wilson Schaef. Dt. von Ilse Rose Bender
u. Marliese Dieckmann. – Wildberg:
Bögner-Kaufmann, 1986.
Einheitssacht.: Co-dependence ⟨dt.⟩
ISBN 3-925269-01-0

2. Auflage 1987
Druck: G. W. Zaiser GmbH & Co, Nagold

Dieses Buch ist allen denen gewidmet, die an dieser bisher namenlosen Krankheit leiden und nicht wußten, daß es möglich ist, diese Krankheit zu behandeln und sie zu heilen.

Es ist allen denen gewidmet, die den Mut hatten, zu dieser Krankheit zu stehen und gewillt waren, uns ihr Wissen von dieser Krankheit weiterzugeben.

Es ist allen den Therapeuten gewidmet, die sich nicht davon irre machen ließen, daß dieses Übel noch keinen Namen hat, und die trotzdem den Mut haben, sich mit dieser tückischen und weitverbreiteten Krankheit zu befassen.

Es ist schließlich uns allen gewidmet, die wir uns hoffnungsvoll auf den Weg machen, um von dieser Krankheit loszukommen.

Voll Erwartung und Freude nehme ich den Stift zur Hand, um ein Vorwort zur deutschen Ausgabe von Co-Abhängigkeit – Nicht erkannt und falsch behandelt – zu schreiben.
Obwohl dieses Buch eigentlich mein drittes ist, erscheint es als zweites.
Als ich mich daran machte, dieses Buch zu schreiben, dachte ich zunächst, ich leiste einen kleinen Beitrag zu diesem neuen Konzept. Wir stehen am Anfang der Erkenntnis und des Verständnisses dieser Krankheit und ich wollte meine Gedanken so früh wie möglich mitteilen.
Zu meinem großen Erstaunen ist „Co-Abhängigkeit" sofort ein Bestseller in den USA geworden, von dem in weniger als einem Jahr 100 000 Exemplare verkauft wurden.
Wichtiger jedoch ist die Tatsache, daß es vielen Leuten, die an dieser Krankheit leiden, Erkennen und Hoffnung vermittelt.
Es ist zu einer wichtigen Hilfe in ihrem Erkenntnis- und Genesungsprozeß geworden.
Ich kann nur hoffen, daß das gleiche in Deutschland geschieht.

Anne Wilson Schaef

Inhalt

Vorwort

In erster Linie möchte ich meiner Familie danken, die mir immer wieder sagt: „Laß nicht locker!" Mein Dank gilt ebenso meinen Klienten, den Teilnehmern meiner Workshops, meinen Schülern und auch mir selbst, denn jeder von uns hat doch unzählige Male hautnah diese Krankheit, die ich *Co-Abhängigkeit* nenne, erlebt. Wir haben uns nicht nur gegenseitig aufs Korn genommen, übereinander gelacht und so voneinander gelernt, es ist auch etwas dabei herausgekommen. Meine Schüler haben meinen Theorien stundenlang geduldig zugehört, sie haben mir Fragen gestellt und so lange gebohrt, bis ich meine Theorien klar formulieren konnte.

Vickie, Diane und der Besatzung der MS Royal Viking Sea möchte ich ein herzliches Dankeschön sagen: Sie haben mir mit viel Phantasie und Ideen geholfen, dieses Buch in den Vereinigten Staaten, auf dem Atlantik und in Europa zu schreiben.

Einleitung

Co-Abhängigkeit * ist ein weitgehend neuer Begriff aus dem Gebiet der Drogenabhängigkeit, mit dem im allgemeinen der Zustand beschrieben wird, in dem sich der Partner eines Alkoholikers befindet. Als ich anfing, dieses Buch zu schreiben, wollte ich eigentlich nur dieses Konzept der „Co-Abhängigkeit“ beschreiben. Für mich war es eines der faszinierendsten neueren Konzepte, und da bis jetzt kaum etwas darüber geschrieben ist, wollte ich von Anfang an mit meinen Gedanken und Erfahrungen dabei sein.

Als ich mich jedoch ans Schreiben machte, wurde mir klar, daß meine Arbeit viel mehr sein würde als eine Beschreibung des Begriffs „Co-Abhängigkeit“. Ich erkannte, daß ich eine neue Theorie entwickelte, die eine starke Auswirkung auf das psychosoziale Feld, die Suchtkrankheiten, die Frauen- und Männerbewegung und die Familientherapie haben könnte. Robert Subby hat einmal gesagt, daß „der Begriff Co-Abhängigkeit eine Verbindung zwischen psychosozialem Feld, Familientherapie und Suchtkrankheiten herstellen könnte“ [1]. Ich bin der gleichen Meinung und hoffe, daß eben dieses Buch diese Verbindung werden wird.

In diesem Buch habe ich versucht, eine brauchbare Definition des Begriffes zu geben, um dadurch mehr Klar-

* Anmerkung der Übersetzer:
„Co-Dependence“ bedeutet genau übersetzt: „Mit-Abhängigkeit“. Die Form „Co-Abhängigkeit“ erscheint uns für dieses Buch am besten geeignet, zumal sie in der deutschen Literatur bereits gebraucht wird.

heit zu schaffen. Nach einem kurzen geschichtlichen Überblick erläutere ich zunächst die gängigen Theorien von Co-Abhängigkeit und stelle dann meine eigene Theorie vor. Da große Verwirrung darüber herrscht, was dieser Begriff eigentlich bedeutet, sind die Ansätze zu einer Behandlung ausgesprochen mager. Darum möchte ich auch Alternativtherapien aufzeigen.

Außerdem stelle ich die These auf, daß hier eine grundlegende, weit verbreitete generische Erkrankung vorliegt, die ich „Suchtprozeß" nenne. Ich glaube nämlich, daß Co-Abhängigkeit, Alkoholismus, gestörtes Eßverhalten, zwanghaftes Verhalten und auch bestimmte Psychosen allesamt Ausformungen dieses grundlegenden Krankheitsprozesses sind. Dieses Buch ist der Versuch, diese Erkenntnisse weiterzuentwickeln, die Begriffe „Co-Abhängigkeit" und „Suchtprozeß" zu definieren und den Zusammenhang zwischen beiden zu klären.

Diese Arbeit hat mir großen Spaß gemacht, und ich hoffe, wir können alle davon profitieren.

1

Geschichte und Entwicklung des Begriffs „Co-Abhängigkeit“

Allmählich erkennen wir, daß Co-Abhängigkeit eine eigenständige Krankheit ist.

Da man erst seit kurzem von Co-Abhängigkeit spricht, haben wir noch keine umfassende Theorie zu diesem neuen Begriff. Das Besondere daran ist, daß er von den Betroffenen selbst geprägt wurde, d. h. von Leuten, die eingestandenermaßen selbst „Co-Abhängige“ sind oder waren – also nicht von Fachleuten, die ein rein theoretisches Interesse an dieser Krankheit haben. Unsere Kenntnis vom Krankheitsverlauf der Co-Abhängigkeit verdanken wir jenen, die sie am eigenen Leib erfahren haben, die dagegen angekämpft und gesiegt haben. Sie erfuhren ein ganz neues Lebensgefühl mit sich und ihrer Umwelt.

Daß eine Theorie aus persönlichem Erleben und Erleiden einer Krankheit entwickelt wurde, ist in der Suchtbehandlung nichts Neues. Ein Süchtiger vertraut dem am meisten, der ihm aufrichtig sagen kann: „Ich weiß, wie es Dir geht, ich kann das nachfühlen,“ – also denen, die selbst den Kampf gegen ihre Sucht aufgenommen haben – und das auch zugeben.

Im psychosozialen Feld dagegen ist es nicht üblich, daß der Therapeut zugibt, selbst Probleme zu haben, schon gar nicht solche, mit denen der Patient sich herumschlägt. Man würde seine Eignung anzweifeln.

Der Begriff „Co-Abhängigkeit“ wird bis jetzt fast ausschließlich im Gebiet der Suchtkrankheiten verwendet. Die meisten Therapeuten und Laien, die keinen Kontakt mit Sucht haben, wissen wenig oder gar nichts über Wesen und Behandlung dieser Krankheit. Ich bin sogar der festen Überzeugung, daß die Mehrzahl der Therapeuten unbehandelte Co-Abhängige sind und daß sie aufgrund dieser Abhängigkeit weder sich noch ihren Patienten helfen können – darin gehe ich einig mit Autoren einschlägiger Werke wie Sharon Wegscheider-Cruse, Jael Greenlief, Charles Whitfield, um nur einige zu nennen.

Die Fehleinschätzung dieser Krankheit hat zur Folge, daß ihre Behandlung oft nur teuer, langwierig und wirkungslos ist. Dies hat vielleicht den Lebensunterhalt des Therapeuten gesichert, vielleicht aber auch seine eigene Co-Abhängigkeit verstärkt.

Sucht und Suchtbehandlung

Zunächst tauchte der Begriff „Co-Abhängigkeit" in der Suchtbehandlung auf, und zwar in Verbindung mit der Behandlung von Alkoholikern. Es ist bekannt, daß der Alkoholismus früher nicht als Krankheit angesehen wurde – der Alkoholiker galt als schlechter, willensschwacher Mensch. Es hieß, vom Alkoholismus konnte sich der Einzelne nur erholen, wenn man ihn von seiner Familie isolierte; die beste Unterstützung erfuhr er von seinesgleichen. Erst als Virginia Satir ihre Familientherapie entwickelte, begannen auch Vernon Johnson, Sharon Wegscheider-Cruse u. a., Alkoholismus als eine Familienkrankheit zu betrachten. Die Erkenntnis setzte sich durch, daß nicht nur der Alkoholiker selbst krank war: auch seine ganze Familie war in Mitleidenschaft gezogen und half mit, das Leiden aufrechtzuerhalten.

Da viele Ansätze zur Behandlung Suchtkranker von trockenen Alkoholikern kamen, konzentrierte man sich lange Zeit nur auf den Alkoholiker und alle Hindernisse, die seiner Genesung im Wege standen. Man erkannte, daß die Gefahr eines Rückfalls bei denjenigen Alkoholikern wesentlich größer war, die wieder in eine nicht behandelte Familie zurückkehrten. Eine solche Familie begünstigt nämlich die Sucht weiterhin, indem sie Entschuldigungen für den Süchtigen findet, um so ihre eigene Co-Abhängigkeit nicht aufgeben zu müssen. Deshalb fingen Suchtberater an, auch mit den Familien zu arbeiten, um dadurch die Genesung der Alkoholabhängigen zu fördern. Da sich in diesen Familien schon immer alles um den Alkoholiker und seine Sucht gedreht hatte, war es für den Suchtberater nicht schwer, das Augenmerk der Familie auch weiterhin auf den Alkoholiker zu richten. Die Familie wurde also umfassend über Alkoholismus aufgeklärt und darauf hingewiesen, daß auch sie selbst behandlungsbedürftig, ja krank sei. Wie ihre Krankheit eigentlich beschaffen war und wie man sie behandeln könnte, blieb allerdings weiterhin ein Buch mit sieben Siegeln.

Ich möchte an dieser Stelle betonen, daß bei der Behandlung der Familie ursprünglich alle Aufmerksamkeit auf den Alkoholiker gerichtet war. Der Terminus "Enabler" (Förderer, Helfer), der in Suchthilfegruppen jene Person bezeichnet (im Normalfall den Partner des Süchtigen), welche das Trinken indirekt unterstützt, ist eindeutig auf den Alkoholiker bezogen. Das Ziel der Arbeit mit den „Helfern“ war, ihnen beizubringen, durch ihr Verhalten die Krankheit des Alkoholikers nicht zu verlängern; ihre eigene Krankheit blieb dagegen so gut wie unbehandelt. Daß man sich bei der Behandlung auf den Alkoholiker konzentrierte, hatte seinen Grund darin, daß in der Regel trocken gewordene Alkoholiker ein ganz persönliches Interesse an der Behandlung des Alkoholismus hatten.

Dann kam eine Phase, in der die Begriffe „Förderer" und „Co-Abhängiger" so gut wie austauschbar waren. Der Förderer/Co-Abhängige war meistens der Partner des Süchtigen, wobei jedoch die stillschweigende Übereinstimmung bestand, daß auch andere Familienmitglieder co-abhängig waren. Trotzdem behandelte man hauptsächlich den Alkoholiker, in zweiter Linie den Partner und dann – als Schlußlicht – die Kinder, ein Verfahren, das die kranke Familie nur allzugut kannte. Die Familienmitglieder sah man als abhängig *vom* Alkoholiker, und somit verstand man ihre Krankheit nicht als eigenständigen Prozeß. Al-Anon (die größte Selbsthilfegruppe für Co-Abhängige) betont zwar, der Co-Abhängige müsse sich um seine eigene Krankheit kümmern, legt allerdings in der Praxis den Schwerpunkt nach wie vor darauf, wie man mit einem Alkoholiker leben kann.

Die nächste Phase in der Entwicklung des Begriffs war die Erkenntnis, daß auch der Co-Abhängige/der Enabler leidet und Hilfe braucht. Diese Phase fiel zusammen mit dem statistischen Nachweis, daß Kinder aus Alkoholikerfamilien anfällig für Alkohol sind und oft ernsthafte Probleme haben, sich im Leben zurechtzufinden. Es dämmerte uns, daß dieser Krankheitsprozeß eine Eigendynamik entwickelte, die viel verheerender ist als ursprünglich angenommen.

Heute erkennen wir allmählich, daß Co-Abhängigkeit eine Krankheit mit eigener Symptomatik ist. Wie jede Krankheit hat sie einen *Anfang* (der Punkt, an dem der Betroffene sein Leben nicht mehr meistert), einen *voraussehbaren Verlauf* (der langsam fortschreitende emotionale, physische, psychische und geistige Verfall) und – wenn sie nicht behandelt wird – ein *absehbares Ende* (den Tod). Wir wissen heute, daß Co-Abhängigkeit körperliche Symptome verursacht, wie z. B. Erkrankungen des Magen-Darm-Trakts, Geschwüre, hohen Blutdruck und sogar Krebs. Oft sterben Co-Abhängige noch vor dem Süchtigen.

Diese Erkenntnisse aus dem Gebiet der Suchtbehandlung führten dazu, daß man heute Co-Abhängigkeit als ernstzunehmendes Problem und als Krankheit mit eigener Pathologie erkennt.

Co-Abhängigkeit im psychosozialen Feld

Im psychosozialen Feld haben sich diese Erkenntnisse noch längst nicht durchgesetzt. Die traditionellen Disziplinen der Medizin und Psychologie haben sich bisher standhaft geweigert, die Existenz, das Ausmaß und den Ernst von Sucht- und Co-Abhängigkeit überhaupt anzuerkennen. Viele Therapeuten der alten Schule kennen noch nicht einmal den Begriff „Co-Abhängigkeit". Dafür gibt es mehrere Gründe:

Erstens lernen die meisten Studenten in ihrer Ausbildung wenig oder gar nichts über Suchtkrankheiten. Charles Whitfield z. B., ein bekannter amerikanischer Psychiater, der Bücher über Suchtkrankheiten schrieb, stellt fest: „Ich schätze, daß heutzutage mindestens 80 Prozent der akademisch ausgebildeten Psychotherapeuten für dieses so wichtige Gebiet denkbar schlecht ausgerüstet sind" [1].

Die meisten Therapeuten haben sicher eine Vorlesung über Alkoholismus und Suchtkrankheiten gehört – aber gerade das macht uns vielleicht gefährlich. Unsere Kenntnisse sind gerade so groß, daß wir annehmen, wir wüßten Bescheid – und genau das hindert uns daran, uns unsere Unwissenheit einzugestehen.

Zweitens sind die herkömmlichen Therapietechniken

für die Behandlung von Suchtkrankheiten ausgesprochen erfolglos. Trotzdem kassieren viele Therapeuten horrende Honorare für endlose Sitzungen mit Leuten, die keinen Schritt weiterkommen. So zeigt der Therapeut selbst ein Hauptmerkmal der Co-Abhängigkeit – Verleugnung.

Neulich wurde ich von einem Kollegen zugezogen, der ein Ehepaar behandelte. Mit der Frau hatte ich schon einige Zeit gearbeitet, und auch mit dem Mann hatte ich einige Sitzungen gehabt. Er kam allerdings nicht mehr, nachdem ich ihn auf seinen Alkoholkonsum und seine Geldsucht angesprochen hatte. Immerhin war er bereit, diesen anderen Therapeuten zur Einzel- und Paartherapie aufzusuchen. Während unseres Gesprächs beklagte sich der Kollege, seine Techniken brächten sie nicht weiter (so z. B. das Auflisten von Eigenschaften, die man am anderen schätzt). Als ich vorsichtig fragte, ob er nicht vielleicht das eigentliche Problem verfehle, meinte er nur bissig, seine Techniken seien völlig richtig. Die beiden hätten eine chronische Problembeziehung, da könne man nichts anderes erwarten.

Als ich ihn fragte, ob er sich mit Suchtkrankheiten auskenne, gab er zur Antwort, er habe sich während seines Studiums damit befaßt. Daraufhin sprach ich über die Arbeiten von Wegscheider-Cruse, Johnson und Black und ihre Theorien über die Dynamiken in einer Suchtfamilie. Das waren ihm böhmische Dörfer, und er war auch nicht der Meinung, daß er es nötig habe, sich damit zu befassen. Schließlich war er ja in Familientherapie ausgebildet und betrachtete sich als Fachmann. Ich fragte, ob er denn das Zwölf-Schritte-Programm der Anonymen Alkoholiker und der Al-Anon Gruppen kenne. Natürlich kannte er die auch – aber das wäre doch wohl nichts für *solche* Leute (womit er seine Unkenntnis entlarvte).

Ich kochte innerlich. Auf meine Frage, ob er den Terminus „Co-Abhängigkeit" kenne, gab er zu, schon einmal davon gehört zu haben; was er aber genau bedeutet, wußte er nicht. Ich meinte daraufhin, ich fände es entmutigend, daß er es nicht für nötig gefunden hätte, Bücher zu lesen, die unser gemeinsamer Patient ihm empfohlen hatte (wie "Another Chance" und "I'll quit tomorrow"). Er ging sofort in Abwehrstellung und warf mir meine Überheblichkeit vor. Darauf erwiderte ich, ich fände es leichtfertig, sich nicht gründlichst über eine Krankheit zu informieren, unter der ein Klient ganz offensichtlich leide, zumal diese Krankheit häufig zum Tod führt. Er solle sich das einmal bei einem Zuckerkranken vorstellen. Gesetzt den Fall, wir hätten einen gemeinsamen Patienten mit Diabetes, dem er empfehle, ruhig weiter Zucker zu essen, dann würde ich doch schließlich auch aus Sorge um den Patienten laut protestieren. Unglücklicherweise konnte ich ihn von seinen Techniken nicht abbringen, obwohl sie an der Krankheit vorbeigingen und dem Klienten überhaupt nicht halfen.

Ich fürchte, dieses Verhalten ist typisch für viele Angehörige der psychosozialen Berufe. Es liegt nie an den Techniken – es ist halt ein hoffnungsloser Fall.

Ein dritter Grund für das Scheitern der traditionellen Therapien hängt mit einer Tatsache zusammen, die ich zuvor schon erwähnt hatte: In der Psychiatrie und Psychologie werden die meisten Konzepte von Leuten aufgestellt, die sich selbst für vollkommen gesund halten. Kein Wunder, daß all ihre Theorien und Techniken äußerst rational, abstrakt und logisch sind und nicht auf der eigenen *Erfahrung* des Wissenschaftlers basieren. Ausdrücklich beruht ja der Wert einer Theorie darauf, daß der Theoretiker selbst *nicht* betroffen ist und deshalb die erforderliche „Objektivität" und den Abstand hat, um den

Patienten wirksam zu behandeln. Leider ist es aber so, daß gerade solche Theorien besonders anfällig sind für bestimmte Symptome eben dieser Krankheit (wie Verleugnung, Rationalisierung, zwanghaftes Denken, Kontrollbedürfnis usw.) – was einer Behandlung nicht gerade förderlich ist.

Obwohl sie so schlecht dafür ausgerüstet sind, befassen sich heute auch die Fachleute der psychosozialen Berufe immer mehr mit Sucht und Co-Abhängigkeit. Dafür gibt es mehrere Gründe:

Erstens einmal gibt es eine rein menschliche Motivation, da zu helfen, wo Not ist. Man erkennt, daß Millionen Menschen suchtgefährdet sind. Von einer Epidemie dieses Ausmaßes kann das medizinische und psychosoziale Establishment nicht die Augen verschließen – das wäre auch noch schöner!

Zweitens ist die Behandlung Suchtkranker inzwischen das große Geschäft. Diese Volksseuche befällt nicht nur „kaputte Typen", auch reiche Leute und Personen des öffentlichen Lebens geben zu, daß sie damit Probleme haben. Was früher den „Laienhelfern" überlassen worden war, die selbst auf dem Wege der Genesung waren und keine akademischen Titel hatten, ist plötzlich zu einem Millionengeschäft geworden. Auch die Entwicklung von Theorien und Konzepten hatte man früher Leuten überlassen, die nicht so ganz zur Kaste gehörten. Aber eben diese hatten durch ihre eigenen Erfahrungen einen inneren Zugang zu dieser Krankheit.

Heute jedoch, da Geld und Ruhm winken, glauben auch die Fachleute alten Stils, sie könnten eigentlich Suchtkrankheiten in ihr Behandlungsrepertoire aufnehmen, und so entwickeln sie eifrig Theorien und Techniken – aber eben immer aus ihrer traditionellen Sicht.

Schließlich und endlich ist es eine Frage der Kontrolle.

Wer wird in Zukunft in diesem ständig wachsenden und plötzlich so lukrativen Therapiebereich das Sagen haben? Wird es den Etablierten gelingen, auch dieses Gebiet unter ihre Kontrolle zu bringen? Oder wird die Gruppe mit den besten und erfolgreichsten Methoden den Sieg davontragen? Wie wird sich dieser Konkurrenzkampf auf die Bewegung der Anonymen Alkoholiker auswirken, die auf rein freiwilliger und ehrenamtlicher Basis arbeiten und die höchsten Erfolgsquoten verzeichnen?

Glücklicherweise – oder auch nicht – sind die Probleme bei der Behandlung der Co-Abhängigkeit sehr viel unklarer als bei den Suchtkrankheiten selbst. Es stellen sich Fragen wie: Welchem Bereich der Suchtkrankheiten ist der Co-Abhängige zuzuordnen? Ist die Therapie der Co-Abhängigkeit ein Nebenprodukt der Suchtbehandlung? Paßt der Co-Abhängige in die traditionellen Diagnose-Kategorien und wenn ja, sind dann die entsprechenden Behandlungsansätze sinnvoll? Da Co-Abhängigkeit nicht als Suchtkrankheit gilt, wer sollte sie dann behandeln – die Psychiater, die Psychologen? Und wenn ja – wie? Und inwieweit sind die Krankenkassen zuständig bei diesem Durcheinander? Dieses Chaos offener Fragen beeinträchtigt zuweilen eine wirksame Behandlung.

Co-Abhängigkeit in der Frauenbewegung

Man kann nicht über die Entwicklung des Begriffs Co-Abhängigkeit reden, ohne auf den Feminismus und die Frauenbewegung einzugehen.

Da viele Co-Abhängige Frauen sind und Co-Abhängigkeit so gut zum Bild der Frau paßt, verknüpfen sich Frauenfragen eng mit dem Problem der Co-Abhängigkeit. Als wir in der Frauenbewegung versuchten, die

Frau zu verstehen und sie zu befreien, entdeckten wir viele verborgene Abhängigkeiten.

Als wir versuchten zu verstehen, was unser Leben geformt und beeinflußt hat, mußten wir uns den Tatsachen stellen und erkennen, wieviel Zwang und Kontrolle von außen wir ausgesetzt sind. Es war notwendig, unsere Wirklichkeit zu beschreiben und zu erkennen, wie wir mit ihnen umgehen[2]. Als wir Frauen dann einmal herausgefunden hatten, welche Kräfte uns unterdrücken und in welchem Maß dieser Druck von außen zu unserer Krankheit und unserem „Unwohlsein" beiträgt, war es nicht überraschend, daß eben diese Kräfte jenen ähneln, die auch bei Sucht und Co-Abhängigkeit am Werk sind. So kann es auch kein Zufall sein, daß viele der Symptome, die typisch für die „nichtbefreite" Frau sind, auch bei Co-Abhängigen beiderlei Geschlechts auftreten: Mangel an Selbstwertgefühl, Passivität, Vernachlässigung der eigenen Person (sowohl physisch, emotional, spirituell als auch psychisch), Widersprüchlichkeit, Verleugnen der eigenen inneren Moral, Perfektionismus etc.

So ist es auch nicht verwunderlich, daß die Frauenbewegung – genau wie die Selbsthilfegruppen von Süchtigen und Co-Abhängigen – von der Basis kommt, d. h. daß das Wissen von Leuten kommt, die selbst Betroffene waren und dann ihre Erfahrung zu einer Theorie zusammenfaßten. Ihr Wissen stammt also nicht aus Analysen und zusammengetragenen Fakten.

Für die orthodoxe Psychiatrie und Psychologie ist deshalb die Frauenbewegung ebenso indiskutabel wie die von Laien gegründeten Suchthilfegruppen. Aber „Ketzer" können sich gegenseitig wichtige Impulse geben! Was einer lernt, kommt auch dem anderen zugute.

Da ich mich in der Frauenbewegung engagiere und gleichzeitig klinische Psychologin und Familientherapeutin bin, und da ich als „ehemalige“ Co-Abhängige Bekanntschaft mit Suchtkrankheiten gemacht habe, möchte ich versuchen, aus all diesen Gebieten das Wesentliche zu einer umfassenden Theorie der Co-Abhängigkeit zusammenzufügen.

Zuvor möchte ich jedoch einige der bekanntesten Konzepte von Co-Abhängigkeit kommentieren und zeigen, was ich für hilfreich und was ich für schädlich halte. Da über dieses Phänomen bisher noch wenig geschrieben wurde, möchte ich die Gelegenheit nutzen, unseren heutigen Wissensstand aus meiner Sicht aufzuzeigen, und dann auf diesem Hintergrund meine Theorie entwickeln.

2
Definitionen des Begriffs „Co-Abhängigkeit“

> Bekanntermaßen haben Menschen im Umfeld süchtigen Verhaltens es sehr schwer, *ihre eigene* Klarheit zu bewahren. Sie sind ständig in Gefahr, *ihrer eigenen* latenten Krankheit zu verfallen. Wohlgemerkt, es handelt sich hier aber um *ihre eigene* Krankheit und *nicht* um die Krankheit des Süchtigen.

Bisher gibt es nur sehr wenig Literatur zum Thema Co-Abhängigkeit. Während aber die Information sich rasch vermehrt, ist das meiste Material nur in Seminarunterlagen oder auf Tonbändern zu erhalten. Wir – die wir auf diesem Gebiet arbeiten, das Krankheitsbild beschreiben, Daten sammeln, Theorien aufstellen – stecken meistens so tief in der Arbeit, daß wir uns kaum die Zeit nehmen, unsere Ideen aufzuschreiben. Da außerdem – und hier spreche ich für mich selbst – ständig neue Einsichten und Ideen gewonnen werden, haben wir Hemmungen, all das schon jetzt zu Papier zu bringen – es erscheint uns noch zu unfertig.

In diesem Kapitel möchte ich einige der gängigen Definitionen von Co-Abhängigkeit vorstellen, die von bekannten Theoretikern auf diesem Gebiet formuliert wurden. Sie alle haben wertvolle Beiträge zum Verständnis der Krankheit geleistet und unser Wissen vertieft. Jeder von ihnen hat aber auch wichtige Teilchen von diesem Puzzle nicht gefunden. Diese Lücken beruhen teilweise darauf, daß das Gesamtbild noch nicht zureichend verstanden worden ist: Der zugrundeliegende Suchtprozeß wurde nicht erkannt. Ich möchte trotzdem die Verdienste dieser Pioniere würdigen, gleichzeitig aber auch auf die Lücken in ihren Theorien hinweisen, die unserem Verständnis der Krankheit im Wege stehen.

Sharon Wegscheider-Cruse

Sharon Wegscheider-Cruse ist Sozialarbeiterin. Sie war bahnbrechend an der Entwicklung eines Konzeptes der Co-Abhängigkeit und einer entsprechenden Therapie beteiligt. In einem ihrer Workshops definierte sie den Co-Abhängigen als „eine Person, die 1. einen Alkoholiker liebt oder mit einem solchen verheiratet ist, 2. deren Eltern oder Großeltern Alkoholiker sind oder die 3. in einer emotional repressiven Familie aufgewachsen ist.“ Nach dieser Definition sind ungefähr 96 Prozent der Bevölkerung „Co-Abhängige“.

In ihrem Aufsatz „Co-Abhängigkeit – An Emerging Issue“ definierte sie Co-Abhängigkeit als „Primärerkrankung, an der alle leiden, die mit einem Alkoholiker leben, so z. B. dessen gesamte Familie“ [1]. Sie stellt außerdem fest, daß viele Alkoholiker schon co-abhängig waren, ehe sie zur Flasche griffen.

Mich persönlich stört an Wegscheider-Cruses Definition, daß sie sich fast immer am Alkoholiker orientiert. Sie deutet zwar an, daß die Krankheit breiter aufgefaßt werden kann, was sie aber genau damit meint, wird nicht deutlich.

Sondra Smalley

Sondra Smalley hat viele Seminare über Co-Abhängigkeit in der Gegend von Minneapolis gehalten und hat Material zu diesem Thema veröffentlicht. Sie erklärte in ihren Workshops: „Co-Abhängigkeit ist ein Muster von erlernten Verhaltensweisen, Gefühlen und Einstellungen, die uns das Leben schwer machen.“ Außerdem ist der Co-Anhängige für sie „beziehungs-abhängig und arrangiert sein Leben um ein Suchtmittel“. Ich möchte wieder betonen, daß dies alles richtig ist – und trotzdem fehlt etwas. Das Gesagte gilt sowohl für den Alkoholiker als auch für den Zwangsneurotiker. Was aber die beiden unterscheidet, bleibt unklar.

Es sieht auch so aus, als ob sie Co-Abhängigkeit nicht als Krankheit definiert, – sie betonte neulich in einem Workshop, Co-Abhängigkeit sei *keine* Krankheit. Ihrer Meinung nach ähnelt sie eher einer Persönlichkeitsstörung, wobei der Co-Abhängige ein mehr oder weniger normales Leben führen kann – wie die meisten Neurotiker auch.

Es wäre bestimmt ein großer Fehler, wenn wir unsere Erkenntnisse von Sucht und Co-Abhängigkeit – also in der Praxis gesammelte Erfahrungen – in das traditionelle Raster psychologischer Krankheitsbilder pressen wollten, die von objektiven, linearen und rationalen Daten abhängig sind. Es sind zwei vollkommen verschiedene Systeme und Anschauungen.

Robert Subby

Für Robert Subby ist Co-Abhängigkeit ein „emotionaler und psychischer verhaltensmäßiger Zustand, der dann entsteht, wenn ein Mensch über längere Zeit starren Regeln ausgesetzt ist und sie befolgt, – Regeln, die seine Gefühle unterdrücken und eine offene Kommunikation verhindern“ [2].

Subby ist einer der wenigen Theoretiker, die Co-Abhängigkeit nicht nur mit dem Alkoholismus in Verbindung bringen. Er sieht sie in einem größeren Zusammenhang. Subby kommt von der Familientherapie her. Er stellt fest: „Co-Abhängigkeit ist ein Gefühls- und Verhaltensmuster, das durch die in der Familie geltenden Regeln entsteht und nicht durch Alkoholismus.“ [3]

Diese Definition ist, meine ich, schon sehr viel umfassender als die anderen, die ich erwähnt habe; allerdings wird auch hier Co-Abhängigkeit nicht in ihrem kulturellen Zusammenhang gesehen, und die Definition ist nicht plastisch genug. Interessanterweise sagt Subby, der Co-Abhängige suche einen Partner, der „nach ähnlichen Regeln lebt wie er selbst“ [4]. Aber wo, in aller Welt, soll man denn eine *nicht* co-abhängige Person finden, wenn es fast nur co-abhängige Leute gibt, wie uns Wegscheider-Cruse und andere versichern? Fürwahr, die Tragweite dieser Feststellung ist uns noch nicht aufgegangen!

In einem anderen Artikel definieren Subby und John Friel Co-Abhängigkeit als „lebens- und kommunikationsfeindliches Verhaltensmuster, welches von eingefahrenen Familienregeln geprägt wird“ [5]. Einige dieser Regeln lauten z. B.: (1) über Probleme spricht man nicht; (2) seine Gefühle zeigt man nicht; (3) Kommunikation findet am besten indirekt statt, wobei eine dritte Person als Vermittler zwischen zwei Gesprächspartnern fungiert (Triangulation); (4) sei stark, gut, richtig, perfekt! („Edel sei der Mensch, hilfreich und gut“); (5) wir wollen stolz auf dich sein (unrealistische Erwartungen); (6) sei selbstlos; (7) tu, was ich sage (aber nicht, was ich tue!); (8) sei nicht kindisch: (9) sei manierlich, mach' uns keine Schande!

Auch hier definieren Subby und Friel die Familie als primäres System, aus dem sich die persönlichen Verhaltensweisen entwickeln. Ich stimme zu, daß die Familie ein *wichtiges* System ist – jedoch nicht das *primäre*. Sie ist ein System wie viele andere auch – wie z. B. das ureigene System jedes Menschen, das institutionelle System, dem sich jeder anpassen muß, und wie die Gesellschaft überhaupt. Es mag zwar stimmen, daß „Co-Abhängigkeit im Familiensystem entsteht“ [6], aber um diese Krankheit ganz zu verstehen, müssen wir über das Familiensystem hinausgehen. Nur dann können wir sie in ihrer Ganzheit und all ihren Zusammenhängen erfassen.

Charles Whitfield

Charles Whitfield ist Arzt und Schriftsteller und arbeitet an den medizinischen Fakultäten der John Hopkins Universität und der Universität Maryland. Er beschäftigt sich intensiv mit Suchtkrankheiten. Von allen, die sich mit dieser Krankheit befassen, erkennt er die Tragweite des Problems wohl am meisten: „Unter Co-Abhängigkeit leiden nicht nur Einzelne, sondern ganze Familien, Gemeinschaften, Betriebe und Institutionen, Staaten und ganze Länder.“ Trotzdem taucht auch für ihn diese Erkrankung nur in Verbindung mit Alkoholismus auf. Er definiert Co-Abhängigkeit als „schlechten Gesundheitszustand oder krankhaftes, unangepaßtes oder problematisches Verhalten, das bei Menschen auftritt, die mit einem Alkoholiker zusammenarbeiten oder eng zusammenleben“. Er setzt „Para-Alkoholiker“, „Co-Alkoholiker“, „Fast-Alkoholiker“ gleich mit „Co-Abhängigen“ [7].

Whitfield sieht den Begriff also einerseits sehr weit gefaßt, andererseits äußerst begrenzt. Auch ich bin überzeugt, daß es unerläßlich ist, zu erkennen, daß sich Menschen im Umfeld eines Süchtigen schwer damit tun, *ihre eigene* Klarheit zu bewahren, und daß sie in großer Gefahr sind, *ihrer eigenen* Krankheit zu verfallen. Dabei muß man sich immer vor Augen halten, daß es *ihre eigene, spezifische* Krankheit ist und *nicht* die des Alkoholikers. Obwohl Whitfield es nicht ausdrücklich sagt, kommt er der Aussage bedenklich nahe, daß Co-Alkoholismus und Co-Abhängigkeit vom Alkoholiker verursacht werden oder eine Form der Ansteckung sind. Meiner Meinung nach muß man hier genauer unterscheiden und sagen, daß die Erkrankung Co-Abhängigkeit schon vor dem Auftreten des Alkoholismus latent vorhanden ist. Wird sie nicht behandelt, kommt sie zum Ausbruch.

Earnie Larsen

Earnie Larsen ist Suchtberater und hat viele Tonbänder über Co-Abhängigkeit gemacht. Auch ein Buch mit dem Titel „Stage II Recovery“ erschien unter seinem Namen. In einem Tonband von 1983 über die „Grundlagen der Co-Abhängigkeit“ beschreibt er den Co-Abhängigen als „jemanden, der durch einen Suchtkranken geschädigt ist“. Er weitet seine Definition aus auf alle „Personen, die über längere Zeit hinweg in enger Gemeinschaft mit einem Neurotiker leben“ [8]. Der Angelpunkt dieser Definition ist die Tatsache, daß der Co-Abhängige in Mitleidenschaft gezogen wird. Interessanterweise hat er zu bedenken gegeben, daß es in den Vereinigten Staaten zwischen zehn und fünfzehn Millionen Alkoholiker gibt. Und jeder von ihnen beeinflußt bzw. schädigt wiederum zwanzig bis dreißig Personen. Eine Hochrechnung ergibt, daß die Zahl der Co-Abhängigen die der Gesamtbevölkerung übersteigt. Eindrucksvoll und sehr aufschlußreich, oder etwa nicht?

Ich finde aber doch Larsens These vom „Angesteckten Co-Abhängigen" irreführend. Denn dann wäre Co-Abhängigkeit eine vom Alkoholiker übertragene und vom Co-Abhängigen „aufgeschnappte" Krankheit. Außerdem schiebt man damit auch dem Alkoholiker – offen oder versteckt – die Verantwortung für die Co-Abhängigkeit anderer zu. Ich bin der Überzeugung, daß wir zwar geschädigt werden, paradoxerweise aber schon vorher den Keim dieser Krankheit in uns tragen, die durch diese Schädigung zum Ausbruch kommt.

*

Untersucht man all diese Definitionen, so tauchen sehr interessante Fragen auf. Müssen wir das, was wir als Co-Abhängigkeit bezeichnen, immer nur mit Alkoholismus in Verbindung bringen? Larsen und Wegscheider-Cruse denken offenbar nicht so. Larsen weitet seine Definition aus auf Personen, „die von einem Neurotiker geschädigt sind", Wegscheider-Cruse dehnt den Begriff aus auf alle Personen, „die in einer Familie aufgewachsen sind, in der die Gefühle unterdrückt werden". Beide gehen so weit zu behaupten, daß die Mehrzahl der amerikanischen Bevölkerung davon betroffen ist. Subby macht Familienregeln, die in unserer Gesellschaft die Norm sind, dafür verantwortlich, und für Whitfield gehören sogar Institutionen, Staaten und Länder zu den Betroffenen. Wie soll man damit klarkommen?

Ganz offensichtlich reden sie alle über etwas ganz Spezielles und etwas ganz Allgemeines. Natürlich ist beides wichtig. Irgendwo fallen hier paradoxerweise das Spezielle und das Allgemeine zusammen. Die meisten dieser Definitionen laufen indirekt auf eine Erkrankung hin, die beiden – dem Alkoholismus wie auch der Co-Abhängigkeit – zugrunde liegt. Diese Primärerkrankung bezeichne ich als *Suchtprozeß*. Diesen neuen Begriff will ich näher erläutern.

3

Co-Abhängigkeit: ein Krankheitsbild des Suchtprozesses

Sucht ist alles, was wir uns und anderen nicht eingestehen wollen.

Wie man aus meiner Darlegung der geschichtlichen Entwicklung des Terminus Co-Abhängigkeit entnehmen kann, weiten auch Theoretiker diesen Krankheitsbegriff mehr und mehr aus und versuchen außerdem, den spezifischen Problemen auf die Spur zu kommen, die im Zusammenleben mit einem Süchtigen auftreten.

Es ist mir wichtig, nochmals zu betonen, daß das, was wir Co-Abhängigkeit nennen, wirklich eine *Krankheit* ist, die in vielerlei Formen auftritt und die aus einem Krankheitsprozeß hervorgeht, der eng mit unserem Gesellschaftsprozeß verbunden ist. Ich nenne diese Krankheit den *Suchtprozeß*.

Dieser Suchtprozeß ist eine schwere und widernatürliche Erkrankung, und die damit verbundenen Einstellungen, Überzeugungen, Verhaltensweisen sowie ihr Mangel an Spiritualität verneinen das Leben und führen unausweichlich zum Tod. Für diese Primärerkrankung, deren Symptome u. a. Co-Abhängigkeit und Alkoholismus sind, ist unsere Gesellschaft – offen oder verdeckt – ein idealer Nährboden.

Ich glaube sogar, daß auch der Versuch, Definitionen aus logischen und rationalen Prämissen herzuleiten, eine Manifestation des Suchtprozesses ist.

Darum möchte ich diese Art von Analyse vermeiden. Ich werde vielmehr versuchen, die Wesenszüge der Co-

Abhängigkeit zu beschreiben, zu diskutieren und aufzulisten, und zwar vor dem Hintergrund dieses Suchtprozesses in unserer Kultur.

Es ist meine feste Überzeugung, daß viele Krankheiten sowie psychische Leiden und Verhaltensstörungen letztlich Erscheinungsformen des Suchtprozesses sind. Diese verschiedenen Krankheiten und Störungen haben gemeinsame Wesenszüge; andere Merkmale sind für die einzelnen Erscheinungsformen typisch.

Um Ihnen ein genaues Bild von der Primärerkrankung (dem Suchtprozeß) und den Sekundärkrankheiten zu geben, habe ich auf Seite 34 eine Übersicht erstellt. Sie hat nicht den Zweck, die Merkmale der Primärerkrankung Suchtprozeß darzustellen, sondern soll aufzeigen, wie die verschiedenartigen Sekundärkrankheiten aus der Primärkrankheit hervorgehen, wie man sie aus verschiedenen Blickwinkeln sehen kann und wie sie von den verschiedenen Disziplinen etikettiert werden. Ich werde mich hier hauptsächlich mit der Drogenabhängigkeit, Psychotherapie, der Frauenbewegung und der Familientherapie befassen.

Der Kern der Sache liegt darin, daß wir erkennen, daß all die zuvor beschriebenen Syndrome (siehe auch Diagramm) von *einem* Krankheitsprozeß herrühren, der von unserem Gesellschaftssystem nicht zu trennen ist! Wenn wir diese Tatsache außer acht lassen, bleiben wir hoffnungslose Spezialisten und gehen am Wesentlichen vorbei.

Sucht und Abhängigkeit

In der Sucht- und Drogenberatung gilt gemeinhin jene Person als süchtig, die ein zwanghaftes Bedürfnis nach systemische

Der Suchtprozeß – eine weitverbreitete, systematische Krankheit

Sucht- und Drogentherapie	*Psychosozialer Bereich*	*Frauenbewegung*	*Familientherapie*
Alkoholismus	Charakterstörungen	„nicht befreite“ Frau	gestörte Familie
Drogenabhängigkeit	Bestimmte Psychosen (manisch-depressiv usw.)	„nicht befreiter“ Mann	Suchtfamilie
Eßstörungen	Narzißmus		
Sexsucht	Zwangsneurose		
Spielsucht	Abhängige Persönlichkeit		
Co-Abhängigkeit Para-Alkoholismus Co-Alkoholismus Beziehung mit Suchtstruktur	Depression		
	antisoziale psychopathische Persönlichkeit		
	Phobien		
	Entwicklungsverzögerung		
	Konversionsneurose		

einer Substanz oder einem Ereignis außerhalb ihrer Selbst hat, die wichtiger werden als die eigene innere Klarheit. * In dieser Klarheit sein, heißt so zu leben, wie es gesund ist für Leib und Seele. (Ich definiere diese „Klarheit“ als eine Lebensweise, bei der ein Mensch sich und anderen nichts vormacht und im Einklang mit seiner Spiritualität lebt.)

Eine Abhängigkeit von Essen und Drogen wird oft als orale Abhängigkeit bezeichnet. Auch das Beschaffen des Suchtmittels, also dieser Prozeß, kann zur Sucht werden. Das finden wir bei Einzelnen, Gruppen und ganzen Völkern. Die Sucht spaltet uns ab von unserem Selbst, d. h. von unseren Gefühlen, unserer inneren Moral, unserer Wahrnehmung – kurz, unserem Lebensfluß. Und die Schwester der Sucht ist immer die Lüge.

Bei der Drogentherapie ist schon seit langem bekannt, daß das Aufgeben des Suchtmittels immer erst die Spitze des Eisbergs ist. Nach dem Entzug der offensichtlich tödlichen Droge greifen Abhängige fast immer ähnlich süchtig zu anderen Drogen – meist zu solchen, die nicht gar so tödlich sind, wie Nikotin, Koffein, Zucker. Dieses Verhalten unterstützt meine These, daß wir es hier nicht nur mit der Behandlung einer bestimmten Sucht oder Abhängigkeit zu tun haben, sondern daß wir es hier mit einem Suchtprozeß zu tun haben, der Verursacher vieler Süchte und Abhängigkeiten sein kann.

Das gleiche gilt für den Co-Abhängigen und den „Enabler“ (= Förderer). Zwar kann sich der „Förderer“ vielleicht auch ohne Therapie aus der ihn zerstörenden

* »Sobriety«. Dieses Wort ist ins Deutsche nicht genau übersetzbar. Es heißt sowohl Nüchternheit, „Trockensein“ von Alkohol wie auch Klarheit.

Beziehung zum Alkoholiker lösen, er läuft jedoch unweigerlich Gefahr, sich mit seinen Kindern, Freunden oder einem neuen Partner in die gleiche Abhängigkeit zu stürzen.

Außerdem kennen wir alle Leute, die zwar trockene Alkoholiker, aber offensichtlich ganz unverdrossene Co-Abhängige sind. Eine meiner Freundinnen, die inzwischen gut ohne Alkohol klarkommt, sagte mir neulich: „Vom Alkohol loszukommen war ein Kinderspiel verglichen mit den Tücken meiner Co-Abhängigkeit!" Damit meinte sie genau diesen Suchtprozeß. Sie sagte mir auch, sie könne gut verstehen, wenn Leute sagen: ‚Ich bin meinem Alkoholismus richtig dankbar.' Schauen wir, was ihr die Droge brachte: 1. Sie zwang sie, in Therapie zu gehen; 2. sie forderte sie heraus, buchstäblich um ihr Leben zu kämpfen; 3. sie verschaffte ihr eine Gruppe (die Anonymen Alkoholiker), mit der sie sich identifizieren konnte und von der sie sehr viel Unterstützung bekam; 4. sie gab ihr handfeste Regeln (die zwölf Schritte der A.A.), und mit ihnen das Versprechen, sie könne gesund werden.

Mit Co-Abhängigkeit war das ganz anders. Wenn sie in ihre Co-Abhängigkeit (den Suchtprozeß) hineinschlitterte, fühlte sie sich genauso krank und verdreht wie damals als sie trank – aber nun war das Problem weniger greifbar, und sie fand nicht die Unterstützung, die sie in ihrer Trinkerphase bekommen hatte. Ganz im Gegenteil, ihre Umgebung bestätigte sie in dieser Art von Abhängigkeit und war verärgert, wenn sie sich anders verhielt. Sehr aufschlußreich! Sie war zwar vom Alkohol losgekommen, aber nicht ebenso klar und entschieden von der Krankheit, die dahinter stand.

Alle, die mit Sucht und Abhängigkeit arbeiten, kennen das Phänomen „trockener Rausch". Ein seit Jahren abstinenter und jetzt „trockener" Alkoholiker kann noch immer die Struktur, das Verhalten und das Denken des Alkoholikers haben – auch wenn er den Alkohol meidet. Dieser Zustand ist also der Verlust jener inneren Klarheit und Nüchternheit. Er ist ein „Abrutschen in die Krankheit". Die Person trinkt zwar nicht mehr, handelt aber so, als ob sie das immer noch täte. Das Leben mit dem Abhängigen kann für seine Familie schlimmer sein als vor dem Entzug. Hier wird deutlich sichtbar, wie heimtückisch die Primärerkrankung ist. Sie wird nicht mehr von der Droge verdeckt, sondern bricht ungehemmt aus. Ich interpretiere den trockenen Rausch als Ausbruch der Primärerkrankung, das gibt eine überzeugende Erklärung für diese oft beobachtete Erscheinung.

Die Erkenntnis, daß hinter dem Alkoholismus ein Suchtprozeß lauert, würde auch erklären, weshalb die Anonymen Alkoholiker mit ihrem Zwölf-Schritte-Programm so erfolgreich sind. Wir wissen alle, daß Abstinenz noch keine Heilung ist. Wir wissen auch, daß es nicht genügt, zu den Treffen der A. A. zu gehen. Wir wissen, daß man mit dem Programm ernsthaft arbeiten muß, sonst kommt man von der Krankheit nicht los. Um trocken zu werden und seine Klarheit zurückzugewinnen, muß man sein Leben, seine Einstellung, sein Verhalten, sein Denken und Tun von Grund auf ändern. Das gilt nicht nur für den Alkoholiker oder den Abhängigen, das ist genauso unerläßlich für den Co-Abhängigen, den „Beziehungssüchtigen", den Freß- und Magersüchtigen und alle anderen Suchtkranken. Meiner Ansicht nach ermöglicht das Zwölf-Schritte-Programm der A. A. das, was ich einen *Systemwechsel* nenne. Es hilft uns, aus einem *Suchtsystem* in ein System eines *lebendigen Prozesses* überzuwechseln. Das ist ein System, das dem Menschen zutiefst gemäß ist, das man uns aber leider ausgetrieben hat. (In Kapitel 5 werde ich näher darauf eingehen.)

Da das Zwölf-Schritte-Programm lebenswichtig für das Gesundwerden ist, möchte ich es hier vorstellen [1]. Meine Kommentare folgen anschließend.

Die Zwölf Schritte

1. Wir gaben zu, daß wir dem Alkohol gegenüber machtlos sind und unser Leben nicht mehr meistern konnten.
2. Wir kamen zu dem Glauben, daß eine Macht – größer als wir selbst – uns unsere geistige Gesundheit wiedergeben kann.
3. Wir faßten den Entschluß, unseren Willen und unser Leben der Sorge Gottes – wie wir ihn verstehen – anzuvertrauen.
4. Wir machten eine gründliche und furchtlose Inventur in unserem Innern.
5. Wir gaben Gott, uns selbst und einem anderen Menschen gegenüber unverhüllt unsere Fehler zu.
6. Wir waren völlig bereit, all diese Charakterfehler von Gott beseitigen zu lassen.
7. Demütig baten wir Ihn, unsere Mängel von uns zu nehmen.
8. Wir machten eine Liste aller Personen, denen wir Schaden zugefügt hatten, und wurden willig, ihn bei allen wieder gut zu machen.
9. Wir machten bei diesen Menschen alles wieder gut – wo immer es möglich war – es sei denn, wir hätten dadurch sie oder andere verletzt.
10. Wir setzten die Inventur bei uns fort, und wenn wir Unrecht hatten, gaben wir es sofort zu.
11. Wir suchten durch Gebet und Besinnung die bewußte Verbindung zu Gott – wie wir ihn verstanden – zu verbessern. Wir baten Ihn nur, uns seinen Willen erkennen zu lassen, und um die Kraft, ihn auszuführen.

12. Nachdem wir durch diese Schritte ein geistiges Erwachen erlebt hatten, versuchten wir, diese Botschaft an Alkoholiker weiterzugeben und unser tägliches Leben nach diesen Grundsätzen auszurichten.*

Meine Kommentare:

Zu 1: „Alkohol" oder unsere Co-Abhängigkeit, unser kontrollierendes Verhalten, unsere Ängste usw. – alles, wodurch wir unser Leben nicht mehr meistern können.

Zu 2: Dies ist nicht nur ein Lippenbekenntnis, sondern das Eingeständnis, daß unser Handeln nicht gesund ist.

Zu 3: Manche sagen auch, „eine höhere Macht" oder eine Macht, größer als wir selbst; andere nennen dies unseren Lebensprozeß oder unsere Spiritualität – auf den Namen kommt es nicht an. Die ursprüngliche Formulierung ist sexistisch und zu eng.

Zu 4: Dieser Schritt bedeutet harte Arbeit. Er braucht Zeit, Ausdauer und Kraft. Er bedeutet die Auseinandersetzung mit unseren „positiven" und „negativen" Seiten.

Zu 5: Beim 5. Schritt geht es darum, die Erkenntnisse von Schritt 4 mit einem Vertrauten oder geistigen Berater durchzuarbeiten.

Zu 6: Dies ist nicht so einfach wie es klingt. Viele von unseren „Charakterfehlern" sind „alte Bekannte" oder Überlebensmechanismen (z. B. Trotz, Unehrlichkeit usw.).

Zu 7: Wie schon gesagt, das ist nicht leicht, diese Mängel sind schließlich unsere Überlebensstrategien gewesen; dennoch dienen sie nicht wirklich dem Leben.

Zu 8: *Alle* – das erfordert Entschiedenheit und Ausdauer.

* Originalzitat der 12 Schritte der AA-Gruppen.

Zu 9: Dabei muß man gut achtgeben, daß man nicht egozentrisch ist und andere mit seinen Wiedergutmachungsaktionen überfährt.

Zu 10: Dies ist ein *ständiger Prozeß.*

Zu 11: „Gebet“ und „Besinnung“, jeder nach seiner Weise. „Verbindung zu Gott“ oder Verbindung zu unserer Spiritualität. „Seinen Willen für uns erkennen zu lassen“ – aus unserer eigenen Spiritualität zu leben oder – wie ich es nennen würde – unserem eigenen Lebensprozeß zu folgen.

Zu 12: Andere nicht missionieren, sondern die Botschaft mit Respekt anbieten. Das ist schwer für Leute, die anderen ihre Freiheit nicht lassen können.

Es ist wichtig zu erkennen, daß die Zwölf Schritte nicht linear sind, auch sie sind ein Prozeß. Man muß sie wieder und wieder durcharbeiten, und das hilft uns, aus dem Suchtsystem in unseren konstruktiven Lebensprozeß überzuwechseln. Ich bin fest davon überzeugt, daß es uns allen gut täte, diese Zwölf Schritte oder etwas Entsprechendes durchzuarbeiten, denn die meisten Menschen in unserer Gesellschaft sind für das Suchtsystem und diesen Suchtprozeß erzogen.

In einigen therapeutischen Kreisen wird gesagt, Alkoholismus und Co-Abhängigkeit (Co-Alkoholismus/Para-Alkoholismus) seien im wesentlichen dasselbe. Diese Krankheit hat viele Variationen, aber wenig Themen (siehe Kapitel 4). Diese Idee unterstützt meine Behauptung, daß nämlich Alkoholiker und Co-Abhängige sozusagen vom selben Stamm sind. Für beide paßt das Zwölf-Schritte-Programm. Es findet in den USA immer mehr Verbreitung, auch bei Leuten mit Eßstörungen, Erziehungsschwierigkeiten, Sexproblemen, Beziehungsschwierigkeiten etc.

Daß so viele Leute heute freiwillig dieses Programm

mit Erfolg benützen, bestärkt mich in meiner Überzeugung, daß allen Abhängigkeiten und Suchtkrankheiten eine Primärerkrankung zugrunde liegen muß.

Auch die neuesten Theorien, daß *jeder*, der mit einem Alkoholiker oder einem auf irgendeine Weise abhängigen Menschen lebt und arbeitet, per Definition ein Co-Abhängiger ist, bestätigen meine Meinung. Dazu gehören Therapeuten, Berater, Pfarrer, Kollegen und auch die Familie. Wie ich schon früher gesagt habe, sind diese Leute nicht nur vom Süchtigen geschädigt, sondern ihre *eigene* Krankheit kommt zum Ausbruch. Sie verlieren ihre Klarheit. Früher sagten wir – und manche meinen das heute noch –, daß zumindest sieben bis zehn andere Leute von einem Alkoholiker negativ beeinflußt werden. (Earnie Larsen vermutet sogar das Doppelte.) Daran ist sicher etwas Wahres. Allerdings steht bei dieser Betrachtungsweise wieder nur der Alkoholiker im Mittelpunkt. Ich habe erlebt: Wenn ich gut beieinander bin, einig mit mir selber und in Kontakt mit meinem eigenen Prozeß, dann kann sich der Alkoholiker auf den Kopf stellen, sich grün und blau ärgern, seine Schau abziehen – er zieht mich damit nicht hinein. Ergo, ich selbst gebe meine innere Klarheit auf, wenn ich in *meine eigene* Krankheit hineinschlittere – nicht der Alkoholiker stößt mich hinein. Für mich bedeutet dies, daß die tiefere Krankheit latent vorhanden ist, allgegenwärtig im System und im Einzelnen. Wir glauben ja auch oft, daß der nasse Alkoholiker schon einer war, ehe er zur Flasche griff – was wiederum die These einer Primärerkrankung bestätigt.

Ich denke, diese Beispiele genügen, um meine Behauptung zu erhärten, daß eine schwere systemische Krankheit die Wurzel all dieser speziellen Süchte und Abhängigkeiten ist.

Ich bin erschüttert, wie wenig Psychotherapeuten über Abhängigkeit und Co-Abhängigkeit Bescheid wissen, wo doch Charles Whitfield überzeugt ist, daß alle Menschen unserer Kultur – sofern sie nicht behandelt oder besonders geschult sind –, von dem Suchtsystem geschädigt sind, gleich, ob sie nun eine nähere Beziehung zu einem Alkoholiker haben oder nicht (er nennt die Krankheit zwar nicht beim Namen, meint sie aber). Diese Erkenntnis läßt ihn folgern, daß wir unser Augenmerk auf jene Therapeuten richten müssen, die er „ungeschult" und „unbehandelt" nennt. Das sind diejenigen, die sich dieser Krankheit gar nicht bewußt sind und sie deshalb bei sich selber nicht erkennen können [2]. Wie ich schon in Kapitel 1 angemerkt habe, schätzt er, daß 80 Prozent aller Angehörigen der helfenden Berufe darunter fallen. Ich bin seiner Meinung und möchte diesen Gedanken noch weiterführen und behaupten, daß Leute, die sich mit dem Suchtprozeß befassen und selbst nicht ausdrücklich davon gesunden, diese Krankheit auf verschiedenen Ebenen noch weitertragen.

Eine schreckliche Idee!

Eine weitere Schlußfolgerung ist, daß viele Fachleute selbst aktiv süchtig oder co-abhängig sind. Da therapeutische Konzepte im allgemeinen von Leuten entwickelt werden, die sich für objektiv und gesund halten, müssen diese Leute (ich vermute unbewußt) die eigentliche Wurzel des Übels verleugnen. Natürlich haben sie gute Beobachtungen gemacht und nützliche Theorien aufgestellt, die *Teilaspekte* der Co-Abhängigkeit beschreiben; sie übersehen jedoch, daß diese Krankheit mit Sucht zusammenhängt.

Da auch ich eine traditionelle psychotherapeutische

Ausbildung erhalten habe, erkannte ich erst im Laufe meiner Berufsjahre, wie bedeutsam Drogenabhängigkeit und Suchtkrankheiten sind, und das schlug mich immer mehr in Bann. Als ich mehr über Drogenabhängigkeit begriff, erkannte ich, daß viele psychotherapeutische Konzepte in die Behandlung der Drogenkrankheiten eingebaut waren, und daß man dort oft viel erfolgreicher mit ihnen arbeitet.

Beispielsweise gibt es einen Berg von Literatur über Narzißmus – es gibt jede Menge Theorien darüber. Mir ist klar, daß der Begriff „Selbstbezogenheit", der bei Drogenkrankheiten verwendet wird, im wesentlichen dasselbe bedeutet. Allerdings wird das Problem da viel praktischer und wirksamer angegangen: Narzißmus bzw. Selbstbezogenheit wird ganz konkret mit der Alkoholsucht und Co-Abhängigkeit gekoppelt und als Charakterfehler mit Hilfe des Zwölf-Punkte-Programms behandelt. Sich theoretisch den Kopf darüber zu zerbrechen, hat noch niemandem etwas gebracht. Wir müssen aber festhalten, daß beide theoretischen Ansätze dieselbe Erscheinung beobachten, dafür jedoch verschiedene Begriffe verwenden.

Die psychiatrische und psychologische Literatur ist voll von Theorien und Konzepten, die auch in der Drogenabhängigkeit auftauchen, wie zum Beispiel: die zwanghafte Persönlichkeit, die abhängige Persönlichkeit, Phobien, Depressionen, die unangepaßte Persönlichkeit, Charakterstörungen und sogar Psychosen, um nur einige zu nennen. Das bringt mich auf den Gedanken, daß zwar beide Richtungen dasselbe Phänomen beschreiben, es aber sehr wahrscheinlich ganz unterschiedlich bezeichnen und behandeln.

Dazu möchte ich aus meiner Klinikzeit ein paar Beispiele geben. Als ich zum ersten Mal meine Nase in die

Drogenbehandlung steckte, war ich von vielem so fasziniert (und ich bin es auch heute noch!), daß ich keine Gelegenheit ausließ, darüber zu diskutieren. Als ich einmal im Flugzeug saß, hatte ich die Gelegenheit, mit meinem Nachbarn, dem Leiter einer Psychiatrischen Klinik, über dieses Thema zu sprechen. Als ich mich begeistert über meine neuen Entdeckungen ausließ, sagte er etwas für mich sehr Verblüffendes. Er sagte, immer wenn jemand mit einer akuten Depression in seine Klinik eingeliefert werde, sei sein Personal dazu angehalten, zunächst einmal zu eruieren, ob nicht der Patient oder jemand in der Familie drogenabhängig sei. Das fand ich ausgesprochen genial und fragte gleich nach dem Ergebnis. Er sagte, daß in etwa 90 Prozent dieser Fälle tatsächlich eine nachweisbare Drogenabhängigkeit bestand! Ich war beeindruckt. In dieser Klinik behandelte man die Drogenabhängigkeit oder Co-Abhängigkeit vorrangig! Welch himmelweiter Unterschied zum Gebrauch von Antidepressiva, Langzeittherapie oder gar Schocktherapie!

Ein anderes Beispiel: Vor einigen Jahren kam ein junger Mann zu mir in die Therapie. Er war ein hervorragender Schüler gewesen und hatte auch auf dem Gymnasium glänzend abgeschnitten. Aber als er aufs College kam, brach er zusammen. Als ich ihn einige Jahre später traf, hatte man ihn für manisch-depressiv erklärt. Er hatte zwei Schübe gehabt und bekam Lithium. Zur Zeit meiner Ausbildung war Lithium noch nicht auf dem Markt gewesen, und damals wurde gelehrt, manisch-depressive Psychosen seien äußerst selten. Vielleicht deswegen und vielleicht weil ich seine Akte durchging und mich mit seinem Psychiater in Verbindung setzte, hielt ich ihn nicht für einen typischen Manisch-depressiven. Daraufhin sprach ich mit seinem Arzt, und wir setzten schließlich die Medikamente ab. Das hatte keine Verschlechterung zur Folge, und so kam er zu mir in Einzeltherapie. Es ging ihm allmählich besser, und nachdem er keine Rückfälle hatte, beendete er seine Therapie.

Damals wußte ich so gut wie nichts über Drogenabhängigkeit (aber ich bildete es mir ein). Jahre später, als ich mich auf diesem Gebiet besser auskannte, kam dieser Mann wieder in meine Praxis, weil er Probleme hatte. Nun erkannte ich, daß seine Probleme die eines Süchtigen waren und ging dieser Spur nach. Und siehe, seine bevorzugte Droge war Marihuana; er gab aber auch zu, daß er trank. Nach etlichen Versuchen mit den Anonymen Alkoholikern und dem Zwölf-Schritte-Programm stellte er fest, daß er sich am wohlsten bei den Narcotics Anonymous fühlte und besuchte deren Treffen. Seine Therapie wurde zum Begleiter des Zwölf-Punkte-Programms, was ich in der frühen Phase der Genesung für günstig halte. Nachdem er von seiner Marihuana-Sucht losgekommen war, bearbeiteten wir seine Abhängigkeiten von Alkohol, Nikotin, Koffein und Zucker (er war stark hypoglämisch), Geld und Beziehungen. Das Zwölf-Punkte-Programm stand im Mittelpunkt, und in der Therapie arbeitete er an seinen Süchten und gleichzeitig an seinem Suchtprozeß. Er sprach auf diese kombinierte Behandlung sehr gut an, und es geht ihm jetzt ausgesprochen gut. Ich bin sicher, hätte ich ihn mit den üblichen Mitteln behandelt, dann hätte sich sein Zustand bestenfalls nicht verschlechtert. Er wäre dann vielleicht als „unangepaßte Persönlichkeit" bezeichnet worden – also als nicht mehr gar so auffällig. Aber er wäre wohl nicht das vollwertige Mitglied der Gesellschaft geworden, das er heute ist.

Aus diesen Beispielen können wir mindestens zwei Folgerungen ziehen. Erstens: Das Wissen um Abhängigkeiten und den Suchtprozeß ist für die psychotherapeutischen Berufe unerläßlich, und zweitens: Einige der Symptome und Abläufe, die ich schon im einzelnen besprochen habe, können tatsächlich Ausformungen des zugrunde liegenden Suchtprozesses sein.

Die Frauenbewegung

Man kann alle diese Theorien, die unabhängig voneinander zu ähnlichen oder gar zu gleichen Schlüssen gekommen sind, nur dann ganz verstehen, wenn man auch die Frauen- und Männerbewegung in Betracht zieht. Die gleichen Phänomene wurden von den unterschiedlichsten Gruppen erkannt und von ihrem jeweiligen Blickwinkel aus interpretiert.

Kathy Cappell-Sowder beispielsweise beschreibt den „Krankheitsverlauf" des Co-Abhängigen wie folgt: „Je mehr sich der Alkoholiker bemüht, den ‚Stoff' zu beschaffen, zu trinken und sich den Alkohol ja nicht wieder wegnehmen zu lassen, desto mehr konzentriert sich der Co-Abhängige ganz auf den Alkoholiker, auf sein Verhalten und seinen Alkoholkonsum. Mehr und mehr dreht sich bei ihm alles nur um ihn. Auch sein Verhalten ändert sich: Er fängt an, dem Alkoholiker und seinen Saufkumpanen nachzuspionieren, um so zu verhindern, daß sie sich Alkohol beschaffen, er sorgt krampfhaft für Frieden in der Familie und schränkt alle Aktivitäten außerhalb der Familie ein. Sein ganzes Leben ist völlig auf den Alkoholiker ausgerichtet." [3] Hiermit erfüllt auch er alle Voraussetzungen für einen Suchtkranken.

Als ich einmal die Beschreibung „aufkeimender" Co-Abhängigkeit las, wurde mir schmerzlich bewußt, daß – sieht man einmal vom Alkohol ab – dieses Krankheitsbild genau dem entspricht, das in der Frauenbewegung für die nicht befreite Frau bzw. den nicht befreiten Mann gilt. Wie der Süchtige und Co-Abhängige sind auch die nicht befreite Frau und der nicht befreite Mann abhängig, selbstbezogen, fremdbestimmt und nicht in Verbindung mit ihren Gefühlen. Hier wird wieder einmal dasselbe Syndrom von einem anderen Standpunkt aus beschrieben. Die Merkmale der nicht befreiten Frau ähneln zum Verwechseln denen des Co-Abhängigen. Was für den Macho-Typ die/der nicht befreite Frau/Mann ist, ist für den Alkoholiker der Co-Abhängige. Man kann die Rollen beliebig auswechseln, das Gesamtbild bleibt dasselbe.

Was ich in meinem Buch „Weibliche Wirklichkeit" als „Perfekte Ehe" beschrieb, würde ich heute als „Suchtbeziehung" bezeichnen. Die „Perfekte Ehe" basiert auf gegenseitiger Abhängigkeit: Keiner kann ohne den anderen leben. Ihrer beider Leben ist völlig ineinander verflochten, und kein Opfer ist groß genug für die Illusion der Sicherheit (völlige Kontrolle, keine Individualität). Dabei wird unterstellt, daß bei völliger gegenseitiger Abhängigkeit keiner den anderen je verlassen wird, daß so jeder in Sicherheit ist. Dieses Arrangement führt dazu, daß keiner mehr ohne den anderen leben kann – und das ist Sucht!

Wenn wir uns den Typ Frau, den die Frauenbewegung befreien will, genau ansehen, dann erkennen wir die Co-Abhängige in Reinkultur. Sie bezieht ihre Identität von außen, sie hat keine Selbstachtung, kein Selbstwertgefühl; sie ist abgespalten von ihren Gefühlen. Ewig ist sie dabei zu ergründen, wie andere sie haben wollen, damit sie deren Erwartungen erfüllen kann. In Wirklichkeit ist sie furchtbar einsam, weil sie sich selbst nicht findet. Aus diesem Grund muß sie ständig andere kontrollieren. Sie opfert ihr ganzes Leben dem Mann und ihren Kindern, und doch erleben die anderen sie als egoistisch und erdrückend. Zwischen einer nicht befreiten Frau und einem Co-Abhängigen gibt es folglich keinen Unterschied. Die Frauenbewegung hat Co-Abhängigkeit immer als spezifisch weibliches Problem gesehen. Das ist zwar richtig, Co-Abhängigkeit ist jedoch viel mehr: Sexismus, Rassismus, Verachtung des Alters und des Menschen überhaupt haben ihren Nährboden in der Suchtstruktur unserer Gesellschaft.

Genau wie die Frauenbewegung nach den kulturellen Zusammenhängen fragt, tut man es nun auch bei Suchtkrankheiten und Co-Abhängigkeit. Die Frauenbewegung protestiert gegen Gewalt, vor allem, wenn sie sich gegen Frauen und Kinder wendet – wir erkennen mehr und mehr, daß Gewalt in der Familie fast immer zusammenhängt mit „Suchtbeziehungen" oder Drogenabhängigkeit. Die Frauenbewegung kämpft für das Recht der Frau, über ihren eigenen Körper zu bestimmen und ihn zu schützen – in der Drogen- und Suchttherapie wird betont, kein Mensch könne den anderen besitzen – das sei süchtig. Die Frau tritt in der Öffentlichkeit so gut wie nicht in Erscheinung – der Co-Abhängige steht im Schatten des alkoholsüchtigen Partners. (Das Hauptanliegen der Al Anon-Gruppe ist es, dem Partner zu einer eigenen Identität zu verhelfen, so daß er die Verantwortung für sein Leben wieder selbst in die Hand nehmen kann.) Die nicht befreite Frau beherrscht ihre Umgebung durch offene oder verdeckte Kontrolle – der Co-Abhängige macht es genauso. Wie sich die Bilder gleichen!

Zwar habe ich mich hier vor allem mit der nicht befreiten Frau befaßt, ich bin aber davon überzeugt, daß es Männern in dieser Kultur ähnlich geht. Es läßt sich auch leicht zeigen, daß der nicht befreite Mann mit dem Drogenabhängigen oder dem Co-Abhängigen viele gemeinsame Züge hat. So ist beispielsweise der Macho nicht in

Kontakt mit seinen Gefühlen (oft betäubt er sie mit Drogen), und er wendet viel Zeit auf, um bei anderen Eindruck zu schinden – er möchte, daß andere ihn so sehen, wie er gerne gesehen werden möchte, und glaubt tatsächlich, daß er sie dazu manipulieren kann. Und weil er sich durch andere bestimmt, hat er auch seine Identität verloren. Der nicht befreite Mann ist maßlos – bei seiner Arbeit, im Essen und Trinken, und so bringt er sich langsam um. Er wird ein Zombie, ein lebender Leichnam, er lebt nur scheinbar. Er ist unredlich zu sich selbst, in seinen Beziehungen, in seinen Geschäften, in allem, was er tut. Darin gleicht er dem Drogenabhängigen, und genau hier setzt die Kritik der Männerbewegung an. Ein anderes Etikett, ein anderer Blickwinkel, ein anderer Akzent – aber die Wurzel des Übels ist dieselbe.

Männer wie Frauen werden von dem Leiden zugrunde gerichtet. Beide verfallen dieser generischen Krankheit, die wir Suchtprozeß nennen. Aus ihr entsteht Co-Abhängigkeit in all ihren Formen.

Familientherapie

Zum Schluß möchte ich auch am Beispiel der Familientherapie zeigen, daß sich all diese Ansätze mit demselben Symptom befassen. Familientherapeuten haben Co-Abhängigkeit längst als Krankheit erkannt, und zwar aus der Sorge um die Familienangehörigen eines Drogenabhängigen.

Und doch – auch wenn es vielen von uns schwerfallen dürfte dies einzugestehen: Die Familientherapie wurde entwickelt, bevor man auch nur eine leise Ahnung davon hatte, wie einschneidend Drogenabhängigkeit die Familienstruktur beeinflußt. Viele Familientherapeuten hörten deshalb während ihrer Ausbildung wenig von Drogenabhängigkeit und Co-Abhängigkeit – und können sie folglich auch nicht behandeln. Dabei ist das, was Familientherapeuten als „dysfunktionale Familie" bezeichnen, im Wesentlichen genau das, was wir die „Familie mit Suchtstruktur" nennen. Zum Beispiel:

- Der *identifizierte* Patient ist in einer solchen gestörten Familie die Person, die offensichtlich Probleme hat und derentwegen sich die Familie in Behandlung begibt (natürlich hat nicht nur diese Person Probleme). Genau diese Rolle hat in der Familie eines Drogenabhängigen der Süchtige, *er* ist ja ganz offensichtlich krank. Natürlich ist er nicht der einzige, der in einer solchen Familie Hilfe braucht.
- In beiden Familiensystemen spielt der *Held* die gleiche Rolle. Er ist meistens der Partner oder ein Kind (oft das älteste). Er hält die Familie zusammen, mehr schlecht als recht, und sorgt dafür, daß es irgendwie weitergeht.
- In Suchthilfegruppen spricht man oft vom *Verlorenen Kind*. Damit ist das Kind gemeint, das nie Schwierigkeiten macht und das nie auffällt. Häufig entwickeln solche Kinder kaum eine eigene Persönlichkeit und lassen deutlicher als die anderen Kinder die Wesensmerkmale von Alkoholikerkindern erkennen. In einer gestörten Familie spielt häufig das *zurückgezogene, stille* Kind diese Rolle.
- Beide, Familientherapeuten wie auch Suchtberater, kennen die Rolle des *Sündenbocks*. In der gestörten Familie spielt sie meistens der identifizierte Patient. In beiden Familiensystemen verhält er sich auffällig, hat dauernd Schwierigkeiten in der Schule oder kommt mit dem Gesetz in Konflikt.
- In beiden Familiensystemen gibt es meistens das, was in der gestörten Familie der *Clown*, bzw. in der Familie

eines Drogenabhängigen *der Schauspieler* genannt wird. Beide versuchen, durch Witz und Humor die Spannung zu lösen. So kommt man immer wieder leidlich über die Runden.

Hier zeigt sich noch einmal, daß Familientherapie und Suchttherapie auf ähnlichen Sichtweisen beruhen und daß sie die gleichen Phänomene beschreiben. Sowohl die dysfunktionale als auch die Suchtfamilie sind geschlossene Systeme, deren starre Regeln persönliches Wachstum verhindern und sich für alle Familienangehörige schädlich auswirken. Was jedoch die Familientherapie vollkommen außer acht läßt, ist die Tatsache, daß die Familie und der Therapeut es in erster Linie mit *Suchtstrukturen* zu tun haben. Ohne ein Verständnis dieses Suchtprozesses kann die traditionelle Familientherapie Drogenabhängigkeit und Co-Abhängigkeit nicht wirksam behandeln. Familientherapeuten können zwar der Familie durchaus helfen, ihre Kommunikationsmuster zu verbessern, die „Bündnisse" innerhalb der Familie zu erkennen und die Rollen der einzelnen aufzuzeigen. Sie können helfen, mehr auf die positiven Gefühle einzugehen usw. Solange sie aber die Sucht nicht behandeln, d. h. die Primärerkrankung nicht erkennen, wird das Übel nicht an der Wurzel gepackt.

☆

All diese Beispiele untermauern meine These, daß wir es hier mit einer Grundkrankheit zu tun haben, die in vielen Ausprägungen vorkommt. Sie ist von unserer heutigen Kultur nicht zu trennen. Es gibt wenig Menschen – wenn es überhaupt welche gibt –, die frei von dieser Krankheit sind.

Meine Methode, von einer Folgeerscheinung auf die Ursache zu schließen, ist in den Naturwissenschaften durchaus üblich. Oft schließt man zum Beispiel auf die Existenz einer Naturerscheinung von ihren Auswirkungen her und nicht aufgrund direkter Beobachtung. So wurde zum Beispiel die Existenz von Elektronen, Protonen und Neutronen angenommen, lange bevor man sie nachweisen konnte. Man sah die Wirkung und brauchte nun eine Theorie, um sie zu erklären. Ich glaube, wir sind heute so weit, daß wir eine gültige Theorie über den Suchtprozeß aufstellen können. Viele Gruppen haben unabhängig voneinander die Auswirkung dieses Phänomens beobachtet. Weil sie wenig voneinander wußten (und zweifellos auch, weil sie selber praktizierende Co-Abhängige sind!), konnten sie nicht erkennen, daß alle ihre Beobachtungen auf eine Grundkrankheit hindeuten.

Heute jedoch haben wir so viel Material, daß wir dieses Grundübel definieren können: den *Suchtprozeß*.

4
Die Merkmale der Co-Abhängigkeit

> **Jeder Mensch kann der Co-Abhängigkeit verfallen – unabhängig von Alter, Geschlecht, Hautfarbe und sozialem Status.**

In diesem Kapitel möchte ich einige Hauptmerkmale des Suchtprozesses herausarbeiten und beschreiben, wie sie sich in der Co-Abhängigkeit äußern.

Jede Einzelkrankheit des Suchtprozesses (wie z. B. Alkoholismus, Co-Abhängigkeit, Eßstörungen) zeigt die Symptome auf eine Weise, die ihr eigentümlich ist. Sie mögen voneinander verschieden sein und manches mag sich auch entsprechen, manches mag sich gleichen – wichtig ist auf jeden Fall, daß alle auf diese Grundkrankheit, den Suchtprozeß, hindeuten und gleichzeitig auf die jeweilige spezifische Einzelkrankheit (wie z. B. Co-Abhängigkeit).

Merkmale des Suchtprozesses

Die folgenden Merkmale kennzeichnen die systemische Krankheit Suchtprozeß. Nicht jedes Symptom äußert sich in allen in Kapitel 3 aufgeführten Einzelkrankheiten, aber jede Krankheit weist ein ganzes Bündel dieser Merkmale auf, so daß man dadurch auf die generische Krankheit schließen kann. Folglich ist jede dieser Einzelkrankheiten eine bestimmte Ausprägung der Grundkrankheit und muß deshalb paradoxerweise gleichzeitig als Teil der generischen Krankheit *und* als eigenständige Krankheit behandelt werden. Es wäre falsch, diese Einzelkrankheiten nur als Suchtprozeß zu behandeln – und ebenso verkehrt, sie als eine davon unabhängige Krankheit anzugehen. Viele der nachfolgend aufgeführten Wesenszüge des Suchtprozesses sollen bei der Beschreibung der Co-Abhängigkeit ausführlich behandelt werden. Dazu gehören:

- Unehrlichkeit (Verleugnung, Projektion, Wahn);
- ein gestörtes Gefühlsleben (Gefühlsstarre, abgespaltene Gefühle, verzerrte Gefühle, Ressentiments etc.);
- Kontrollverhalten;
- Verwirrung;
- gestörte Denkstrukturen (verwirrtes Denken, zwanghaftes Denken, Überbewertung des linearen, logischen, analytischen Denkens, dualistisches „Entweder-Oder"-Denken);
- Perfektionismus;
- Außenorientierung (Fremdbestimmtsein, geringes Selbstwertgefühl, Eindruck-Schinden, Unterwürfigkeit);
- Abhängigkeitsprobleme;
- Angst;
- Rigidität;
- moralisierendes Verhalten;
- Depression;
- Unterlegenheits- / Überlegenheitsgefühl;
- Selbstbezogenheit;
- Verlust der inneren Moral, verunsicherte Wertvorstellung, Verlust der eigenen Spiritualität;
- Gefühlsstau;
- Negativismus.

Dies ist zwar keine vollständige Liste aller Symptome des Suchtprozesses[1], aber sie ist ziemlich repräsentativ. Wie gesagt, solange wir in der Therapie die Existenz des Suchtprozesses leugnen, werden wir niemals das ganze

Krankheitsbild erkennen können. Masanobu Fukuoka drückt das in seinem Buch „The One Straw Revolution" so aus: „Eine Sache, die man nicht im Zusammenhang mit dem Ganzen sieht, ist verfremdet." [2]

In unserer Gesellschaft gibt es unglaublich viele Co-Abhängige. Jeder Mensch kann der Co-Abhängigkeit verfallen – unabhängig von Alter, Geschlecht, Hautfarbe und sozialem Status. Jeder von uns ist irgendwie davon betroffen. In einem ihrer Bücher bezeichnet Sharon Wegscheider-Cruse folgende Personen als besonders gefährdet: die Partner von Suchtkranken, ehemalige aktive Drogenabhängige, erwachsene Kinder von Alkoholikern, Kleinkinder mit arbeitssüchtigen Eltern, Großeltern oder Geschwistern sowie Therapeuten, die mit Süchtigen arbeiten. Sie zählt auch Familien mit einem Familiengeheimnis dazu, Familien, die Selbständigkeit nicht fördern, sowie Familien, die anerzogene Hilflosigkeit belohnen. Earnie Larsen zählt auf einem seiner Tonbänder auch Personen dazu, die mit einem Neurotiker zusammenleben.

In diesem Kapitel möchte ich aufzeigen, wie solche Symptome entstehen, zusammentreffen und sich zur Krankheit Co-Abhängigkeit entwickeln. Da ich über Gefühlskälte, Perfektionismus, Unehrlichkeit und verwirrtes Denken in Kapitel 5 schreiben werde, will ich hier nicht näher darauf eingehen. Behalten wir im Auge, daß es sich um eine systemische Krankheit handelt, deren Eigentümlichkeit eine besondere Behandlung erfordert.

Die Wesensmerkmale der Co-Abhängigkeit

1. *Außenorientierung*

In diesem Abschnitt beschreibe ich, was für ein Verhältnis Co-Abhängige zu ihrer Umwelt haben und wie ihre Art, sich zu sehen, zu Co-Abhängigkeit führt. Außenorientierung ist das hervorstechendste Merkmal dieses Suchtprozesses, der sich in der Krankheit Co-Abhängigkeit manifestiert. Viele weitverbreitete Aufzählungen der typischen Merkmale von Co-Abhängigkeit befassen sich ausschließlich mit diesem Komplex. Er ist in der Tat das deutlichste Merkmal der Krankheit, wobei jedoch auch andere wichtig sind. Seiner Wichtigkeit wegen möchte ich diesen Komplex zuerst behandeln.

BEZIEHUNGSSUCHT. Co-Abhängige sind beziehungssüchtig, d. h. sie benutzen eine Beziehung oft so wie ein Trinker den Alkohol, nämlich als eine Art von „Fix". Da der Co-Abhängige sich selbst nicht wichtig findet, sucht er seine Bestätigung bei anderen. Leute, die so ausschließlich fremdbestimmt sind, tun so gut wie alles, um eine Beziehung aufrechtzuerhalten, ganz gleich wie zerstörerisch sie ist. Co-Abhängige können sich nicht vorstellen, daß sie, so wie sie sind, für andere wertvoll sein können, und so geben sie denn auch den kleinen Rest an Selbstwertgefühl bereitwillig auf, wenn es eine Beziehung zu erhalten gilt. Ohne Beziehung fühlt sich der Co-Abhängige buchstäblich als „Nichts". Ich kenne viele ehemalige Co-Abhängige, die jedem engen Verhältnis aus dem Weg gehen, weil sie einfach nicht wissen, wie sie eine solche Beziehung leben können, ohne große Anteile ihres Ichs aufzugeben. Oft verlangt der Partner diese Selbstaufgabe überhaupt nicht; der Co-Abhängige kann nicht anders.

Eine meiner Freundinnen kommt aus einer Alkoholikerfamilie. Sie ist also (wie das bei den meisten Kindern von Alkoholikern der Fall ist) förmlich auf Co-Abhängigkeit dressiert. Nie hatte sie eine Beziehung gekannt, bei der sie sich nicht selbst aufgeben mußte, um zu überleben. Es dauerte fast fünf Jahre, bis sie sich stark genug fühlte, um echte Freundschaften schließen zu können.

Für eine Liebesbeziehung war sie jedoch noch nicht bereit! Sie mußte ganz langsam lernen, was es bedeutet, ein eigenes Selbst zu haben, mit dem sie zu anderen in Beziehung treten konnte. Sie mußte auch lernen, daß es Beziehungen gibt, in denen man sich nicht selbst aufgeben muß – so wie das in ihrer Familie gefordert worden war.

Klammerbeziehungen. In dieser Art von Beziehung kann keiner ohne den anderen leben, und dadurch haben beide das Gefühl von Sicherheit. Diese Art von Sicherheit um jeden Preis ist jedoch starr und wachstumsfeindlich. Man muß alle Kraft aufwenden, um die Beziehung zusammenzuhalten. Den höheren Preis dafür zahlt meistens der Co-Abhängige.

Sich nicht abgrenzen Können. Der Co-Abhängige weiß buchstäblich nicht, wo er aufhört und wo der andere anfängt. Eine Kollegin beschrieb dieses Symptom der Co-Abhängigkeit folgendermaßen: Sie lasse sich sehr leicht anstecken von der Verwirrung anderer und könne genau den Augenblick fühlen, wenn sie aus einem Zustand absoluter geistiger Klarheit plötzlich in die Co-Abhängigkeit geriete, dann griffe die Verwirrung anderer auf sie über. Dies gilt auch für Gefühle wie Niedergeschlagenheit, Ärger und Freude – überhaupt für alle Gefühle, die man von anderen übernimmt, obwohl man selber tief innen ganz anders fühlt. Manche Fachleute sind der Ansicht, dies sei bei Co-Abhängigkeit der springende Punkt. Für mich ist es ein wichtiger Gesichtspunkt unter anderen.

Eben weil der Co-Abhängige sich nicht abgrenzen kann, übernimmt er die Trauer, die Freude und auch die Angst der Menschen seiner Umgebung – schlicht, alle ihre Empfindungen und Gedanken. In Kapitel 5 werden wir sehen, wie drei unserer wichtigsten Institutionen (Familie, Kirche und Schule) uns ganz bewußt dazu „abrichten", unsere Grenzen nicht wahrzunehmen. Man lehrt uns zu denken, was wir denken sollen, zu fühlen, was wir fühlen sollen, zu sehen, was wir sehen sollen, und zu wissen, was wir wissen sollen. Das ist gutes altes Co-Abhängigkeits-Training. Wir lernen, daß der Bezugspunkt für unser Denken, Fühlen, Sehen und Wissen außerhalb unseres Selbst liegt – und eben so erzieht man Menschen ohne Abgrenzung. Um sich abgrenzen zu können, muß der Mensch zunächst eine Beziehung zu sich selbst herstellen (nämlich wissen, was er innerlich fühlt und denkt), und erst dann kann er eine klare Beziehung zu seiner Umwelt haben.

Hier ein Paradebeispiel für fehlende Grenzen: Der Mann einer Klientin hatte das Gefühl, ein befreundetes Ehepaar möge ihn nicht mehr, weil man nichts mehr zu viert unternähme. Er schickte seine Frau los (meine Klientin), um herauszubekommen, ob er mit seiner Vermutung richtig lag. Und, oh Wunder, sie tat es sogar ganz willig! Das ist gleich doppelte Co-Abhängigkeit. Obwohl sie gar nicht den Eindruck hatte, daß die anderen ihren Mann nicht mochten, übernahm sie bereitwillig diese Mission, weil diese für ihren Mann unangenehm war. Dies ist ein ausgezeichnetes Beispiel für verwischte Grenzen in einer co-abhängigen Beziehung. Keiner weiß nämlich mehr, wo er selber anfängt und wo er aufhört; hat einer ein Problem, so haben es beide. Muß der eine eine Sache klären, so muß es der andere auch. Der Mann in dem Beispiel übernahm nicht die Verantwortung für sich und seine Gefühle, und die Frau war so co-abhängig, daß sie seine Sache zu der ihren machte. In dieser „Fusion" hatten beide ihre Grenzen verloren.

Ich glaube, es ist sehr wichtig, dieses Phänomen genau zu untersuchen, denn es macht deutlich, warum Co-Abhängige so große Schwierigkeiten mit der Intimität haben. Um eine wirklich enge Beziehung zu einer anderen Person haben zu können, muß man ein Selbst haben, sonst besteht immer die Gefahr, daß Nähe dazu führt, vom anderen vereinnahmt, ja förmlich aufgefressen zu werden. Wenn man nicht weiß, wo der eine aufhört und der andere anfängt, kann man dem anderen nicht wirklich begegnen. Nähe ist dann gleichbedeutend mit Verschmelzen und Vereinnahmtwerden.

Ich hatte einmal einen Freund, der mir ständig vorwarf, ich wolle ihn vereinnahmen. Ich wehrte mich dagegen, weil es für mich einfach nicht stimmte. Eines Tages kam er ganz aufgekratzt aus einer Therapiesitzung nach Hause. „Ich werfe dir doch immer vor, du würdest mich am liebsten vereinnahmen", sagte er. „Allerdings", bestätigte ich. Und da erzählte er wahrhaftig, daß er und sein Therapeut daraufgekommen wären, daß das gar nicht stimmte (ab da war mir der Therapeut höchst sympathisch!). Sie waren vielmehr übereingekommen, daß in Wirklichkeit ja er mich vereinnahmen wollte – und er diesen seinen Wunsch auf mich projizierte. (Er kam aus einer Alkoholikerfamilie. Ich nicht!)

Dies ist ein typisches Beispiel für eine fehlende Abgrenzung, kombiniert mit dem Abwehrmechanismus Projektion. Es ist für einen Co-Abhängigen fast unmöglich, sich da nicht verwirren zu lassen.

Besonders gut kann man dieses Fehlen von Abgrenzung in Alkoholikerfamilien beobachten: Da übernimmt jedes Familienmitglied das Problem des Trinkers. Das ganze Leben der Familie dreht sich schließlich nur um ihn. Die Co-Abhängigen in einer solchen Familie geben dem Alkoholiker sozusagen alle Macht. Er bestimmt sie und beeinflußt ihre Stimmungen und Reaktionen. Je mehr die Krankheit fortschreitet, desto mehr verwischen sich die Grenzen.

Menschen ohne Abgrenzung neigen dazu, alles, was geschieht, auf sich zu beziehen. Folglich muß auch alles etwas mit ihnen zu tun haben.

TÄUSCHUNGSMANÖVER. Eine andere Form von Außenorientierung ist, andere zu täuschen, Eindruck schinden zu wollen. Dies ist zwar auch eine Art Kontrollverhalten; da Außenorientierung jedoch ein Hauptmerkmal der Co-Abhängigkeit ist, will ich diesen Punkt schon hier abhandeln. Da der Co-Abhängige nicht wirklich zu sich selber steht, ist es für ihn unbedingt wichtig, daß andere ihn so sehen, wie er gesehen werden möchte. Co-Abhängige wollen, daß die anderen immer einen guten Eindruck von ihnen haben und glauben allen Ernstes, sie könnten die Wahrnehmung anderer manipulieren.

Das Leben des Co-Abhängigen dreht sich nur um die Frage: „Was denken die anderen von mir?" Co-Abhängige sind so unsicher und haben so wenig Selbstwertgefühl, daß ihnen die anderen ihren Wert bestätigen müssen. Ihr Lebenszweck ist es, herauszufinden, was andere von ihnen erwarten, so daß sie das auch „bringen" können. Sie wollen es allen recht machen. Sie entwickeln erstaunliche Fähigkeiten, die Vorlieben und Abneigungen ihrer Umwelt aufzuspüren und glauben tatsächlich, sicher und akzeptiert zu sein, wenn sie sich so verhalten, wie andere sie haben wollen.

Ich arbeitete einmal mit einer Frau, die diese Masche ganz hervorragend konnte. Bei Gesprächen verhielt sie sich zunächst ganz ruhig; sie saß lange Zeit nur da und beobachtete die anderen. Erst wenn sie herausgefunden hatte, was die anderen (ihrer Meinung nach) von ihr erwarteten, beteiligte sie sich am Gespräch. Mir wurde dieses Verhaltensmuster plötzlich deutlich, als mir aufging, daß sie eigentlich nie einen eigenen Gedanken äußerte, sie plapperte mir nur nach. Als ich sie daraufhin ansprach, geriet sie regelrecht in Panik. Mit Schrecken dämmerte es ihr, daß sie selber gar nicht wirklich existierte, denn sie bezog fast alle Informationen von außen und konnte aus sich heraus gar nicht agieren. Ich glaube, daß sie bis dahin wirklich nicht wußte, ob sie eine eigene Persönlichkeit hatte. Co-Abhängige leiten ihre Existenzberechtigung ausschließlich von anderen her. Werden sie von anderen nicht geschätzt und bestätigt, so glauben sie, keine Daseinsberechtigung auf dieser Welt zu haben. Ihr Losungswort lautet: „Es tut mir schrecklich leid" – womit sie sich eigentlich dafür entschuldigen, überhaupt geboren zu sein.

Neulich war ich mit einer Freundin essen, die sich immer noch mit ihrer Co-Abhängigkeit herumschlägt. Nach dem Essen kam der Ober und fragte, ob wir noch Wünsche hätten. Ich bestellte eine Limonade, meine Freundin einen Eistee. Als er ihren Tee brachte, bemerkte er, daß er meine Limonade vergessen hatte, und ging, sie zu holen. Prompt sagte meine Freundin: „Es tut mir leid." Ich konnte mir beim besten Willen nicht vorstellen, was ihr leid tat, und hakte nach. Sie erklärte, ich habe doch zuerst bestellt und sie nach mir – und so täte es ihr leid, daß ihr Tee zuerst gekommen sei. Diese Reaktion zeigte mir, wie tief sie noch in ihrer Co-Abhängigkeit steckte. Schließlich konnte sie weder etwas für die Vergeßlichkeit des Obers noch für meinen mutmaßlichen Ärger (den ich im übrigen gar nicht hatte). Ich wollte ihr wirklich nicht die Freundschaft kündigen, weil sie zuerst bedient worden war. Bei dieser ganzen Angelegenheit war sie auf andere fixiert und nur darauf aus, bei mir keinen schlechten Eindruck zu hinterlassen.

Unser Bedürfnis, von außen bestätigt zu werden und vor anderen einen guten Eindruck zu machen, kann uns ganz schön in Schwierigkeiten bringen. Einer Freundschaft z. B. ist dies Verhalten gar nicht zuträglich. In einem meiner Ausbildungskurse waren zwei gute Freunde, und der eine weigerte sich partout, auch die negativen Seiten seines Freundes zu sehen – z. B., wenn sich dieser unredlich, manipulierend oder kontrollierend verhielt. Als guter Co-Abhängiger hielt er es für einen Freundschaftsdienst, das negative Verhalten zu übersehen. Wir hatten es mit einer co-abhängigen „Kollusion" zu tun. Als Co-Abhängige sehen wir unsere Freunde nur allzu gern so, wie sie gesehen werden wollen. Jeder unterstützt dabei den anderen bei seiner Schau. In diesem Falle hatten sich die Freunde verbündet, um die gegenseitigen Illusionen aufrechtzuerhalten. Ein wirklicher Freund hätte das Täuschungsmanöver des anderen durchschaut und ihn darauf angesprochen, – ohne ihn deshalb zu verurteilen.

Mit meinen Beispielen möchte ich immer wieder zeigen, wie weitverbreitet die Krankheit der Co-Abhängigkeit ist, wie sehr sie unser alltägliches Leben durchzieht und für wie selbstverständlich sie in unserer Suchtgesellschaft gehalten wird. Wer findet schon etwas dabei, wenn wir uns im Alltag nach den Erwartungen anderer Leute ausrichten? Ich hatte da ein bezeichnendes Erlebnis mit meinem Rechtsanwalt. Ich konsultierte ihn gelegentlich für ganz spezielle Rechtsfragen. Eines Tages machte er mich darauf aufmerksam, daß ich allerhand Steuern sparen könnte, und versprach, sich um die Einzelheiten zu kümmern und mir dann Bescheid zu geben. Einige Monate später stellten mein Steuerberater und ich fest, daß wir unbedingt diese Informationen brauchten – der Rechtsanwalt hatte aber noch nichts von sich hören lassen. Wir riefen ihn also an. Er versprach hoch und heilig, mir sofort schriftlich mitzuteilen, was zu tun wäre. Wieder verging einige Zeit, und wir hatten immer noch nichts gehört. Schließlich mußten wir meine Steuererklärung ohne seine Angaben machen.

Etwa einen Monat später erledigte er eine andere Rechtssache für mich. Als es Schwierigkeiten gab, schlug ich ein „Gipfeltreffen" vor und erklärte ihm, daß mein Vertrauen in ihn erschüttert wäre und daß wir für eine weitere Zusammenarbeit eine neue Vertrauensbasis herstellen müßten. Ich sagte ihm auch, mein Vertrauen in ihn sei gestört, seitdem er mir diese versprochenen Steuerdaten nicht geschickt hätte. Er verstand durchaus, daß ich wütend und sauer auf ihn war – er hatte damals ja eine bestimmte Vorgehensweise vorgeschlagen und wollte auch die Einzelheiten nachliefern. Dann habe er allerdings festgestellt, daß man die Sache doch nicht so angehen konnte und sich scheußlich dabei gefühlt. Er habe sich immer eingebildet, er müsse in der Lage sein, mir eine Lösung zu präsentieren, und als er eingesehen habe, daß er das nicht konnte, habe er einfach gekniffen. („Das ist Co-Abhängigkeit", sagte ich, „und zur Strafe werden Sie in meinem nächsten Buch erscheinen." Er schien geschmeichelt.) Als wir nochmals über alles sprachen, betonte ich, daß ich nicht ärgerlich gewesen sei, weil er keine Lösung gefunden hätte, sondern weil er mir das nicht mitgeteilt hatte und uns bis zur Abgabe der Steuererklärung in der Luft hängen lassen hatte. Wenn es keine Lösung gab, dann gab es eben keine. Aber zu glauben, man *müsse* für alles eine Lösung finden, das sei ein ganz typisches Beispiel für Co-Abhängigkeit.

Co-Abhängige wollen um jeden Preis gefallen. Ist das nicht möglich, so erleben sie das als ganz persönliches Versagen und wollen nicht zugeben, daß sie nicht jedermanns Erwartungen erfüllen können. Als mir deutlich wurde, daß es meinem Rechtsanwalt wichtiger war, nett zu mir als mit sich selbst ehrlich zu sein, wurde ich fuchsteufelswild, und er verlor mein Vertrauen.

Co-Abhängige erwarten Unmögliches von sich. Können sie ihre unrealistischen Erwartungen nicht erfüllen, so sind sie unfähig, dies einfach als eine Gegebenheit hinzunehmen; sie fangen an zu manipulieren und die Tatsachen zu verdrehen. Co-Abhängige sind zu einer offenen, unkomplizierten Kommunikation gar nicht fähig, weil sie sich nach außen anders geben, als sie sich selbst wirklich fühlen.

Kein Vertrauen in die eigenen Wahrnehmungen. Co-Abhängige neigen dazu, ihren eigenen Wahrnehmungen solange zu mißtrauen, bis diese von anderen bestätigt werden. Sie haben vielleicht eine völlig klare intuitive Vorstellung von einem Menschen oder einer Situation, und dennoch werden sie diese als absurd und total unsinnig abtun.

Neulich passierte etwas Derartiges. Zu dritt hörten wir einen berühmten Pianisten. Sein Spiel beeindruckte mich nicht, ich fand es fad und langweilig. Als er später wieder einmal auftrat, wollte keiner von uns dreien in das Konzert gehen. Zwei von uns sagten ganz unverblümt, warum es uns damals nicht gefallen hatte. Die Dritte im Bunde hatte zwar denselben Eindruck gehabt, ihn aber bei sich als unsinnig verworfen. Erst als sie unser Urteil hörte, konnte sie ihrem eigenen Urteil trauen.

Hier ist Co-Abhängigkeit gleich auf zwei Ebenen am Werk. Erstens traute sie ihrer Wahrnehmung nicht, obwohl es völlig egal war, ob sie „richtig" lag oder nicht. Schließlich war es *ihre* Wahrnehmung, und sie mußte nur entscheiden, ob sie den Pianisten ein zweites Mal hören wollte. Dieses Mißtrauen in die eigene Wahrnehmung weist sie als co-abhängig aus. (Interessanterweise kann sich Co-Abhängigkeit auch in der entgegengesetzten Haltung zeigen: wenn sich jemand auf seine Meinung versteift und nichts Neues mehr aufnehmen kann.) In beiden Fällen ist es unmöglich, für eine Sache wirklich offen zu sein.

2. *Übertriebene Fürsorge*

Da Co-Abhängige ein so niedriges Selbstwertgefühl haben und so sehr auf Bestätigung angewiesen sind, helfen sie so gern. Helfenwollen ist ein typischer Charakterzug des Co-Abhängigen. Dies hat natürlich mit dem Wunsch nach Kontrolle zu tun, verdient aber im Hinblick auf den Co-Abhängigen eigens behandelt zu werden.

SICH UNENTBEHRLICH MACHEN. Co-Abhängige können sich nur schwer vorstellen, daß irgend jemand auf der Welt sie um ihrer selbst willen mögen könnte, also müssen sie sich unentbehrlich machen. Das kann man etwa tun, indem man anderen „hilft" – indem man z. B. Dinge für sie tut, die sie eigentlich ganz gut selbst erledigen könnten.

Dazu fällt mir ein gutes Beispiel aus der Zeit meiner eigenen aktiven Co-Abhängigkeit ein. Ich war mit einer Frau befreundet, die vorzügliche Körpertherapie machte, aber Alkoholikerin war. Da sie ganz ausgezeichnet war, schickte ich ihr ab und zu Klienten. Wegen ihrer Alkoholabhängigkeit vergaß sie jedoch häufig die Termine, und ich hatte es dann mit einem wütenden Klienten zu tun. Solange ich noch co-abhängig war, fand ich tausend Entschuldigungen für die Therapeutin und versuchte, den Klienten zu beschwichtigen. Was ich in Wirklichkeit damit tat: Ich stellte mich selbst in den Mittelpunkt (ich machte mich unentbehrlich) und hinderte so die beiden daran, selbst mit der Situation klarzukommen. Als ich mich mit meiner Co-Abhängigkeit auseinandersetzte, machte ich meiner Freundin klar, daß ich sie nicht mehr guten Gewissens empfehlen könnte, wenn sie nicht zuverlässiger arbeite und gegen ihr Trinken vorgehe. Wenn alte Klienten sich nach ihr erkundigten (sie war nämlich wirklich gut!), sprach ich ganz offen über ihre Unzuverlässigkeit und schlug vor, sie müßten selbst damit zurechtkommen. Das war *wirkliche* Hilfe, – und zwar für mich, für meine Freundin und für meine Klienten. Denn ich spielte mit offenen Karten. Erledigen wir Sachen für andere, die sie selber tun müssen, dann machen wir uns unentbehrlich und helfen ihnen überhaupt nicht. Wir nehmen uns heraus, für sie zu sorgen und machen sie damit von uns abhängig.

In einer Alkoholikerfamilie macht sich keiner so unentbehrlich wie der co-abhängige Partner. Co-Abhängige brauchen es, gebraucht zu werden.

DER MÄRTYRER. Der Prototyp des „guten" Co-Abhängigen ist der „gute, christliche Märtyrer". (Auch da ist Kontrolle im Spiel.) Märtyrer leiden, und man soll das auch sehen. Jeder weiß, wie sehr Co-Abhängige leiden. Und daß sie sich ihr Leiden oft nicht eingestehen, ist wiederum eine Form des Leidens. Schließlich leiden sie für eine heilige Sache: Sie halten die Familie zusammen, sie versuchen es zu vertuschen, daß der Partner trinkt usw. Auf die Dauer aber führt ihr Leiden nur dazu, daß eine unerträgliche Situation viel zu lange dauert und daß unnötig Zeit verstreicht, bis der Alkoholiker wirklich Hilfe erhält. Märtyrer begünstigen eine chaotische Situation, indem sie sich um den Trinker kümmern, ihn entschuldigen, die Familie zusammenhalten, verfahrene Situationen ausbügeln, geduldig die Ausbrüche des Süchtigen über sich ergehen lassen u. v. m. Dabei wäre es für alle viel besser, wenn man die Sache gleich ehrlich beim Namen nennt. Da jedoch die Taten des Märtyrers so beeindruckend tapfer sind, erkennen wir sie nur schwer als Symptome einer Krankheit.

3. *Körperliche Erkrankung*

Auch körperliche Erkrankungen gehören zur Co-Abhängigkeit. Denn sie ist tatsächlich eine Krankheit, die – nicht behandelt – zum Tode führt. Aktive Alkoholiker überleben häufig ihre co-abhängigen Partner. Meiner Meinung nach sind Co-Abhängige deshalb krank, weil sie versuchen, das Unkontrollierbare zu kontrollieren.

Co-Abhängige sind Arbeitstiere. Es kostet sie so viel Kraft, für andere zu sorgen, die Dinge im Gang zu halten und – schlicht – zu überleben, daß sie häufig stressbedingte funktionale oder psychosomatische Krankheiten bekommen [4]. Sie klagen über Kopfschmerzen, Rückenschmerzen, Atemprobleme, Herz-, Magen- und Darmstörungen, zu hohen Blutdruck usw. Selbst Krebs wird mit Co-Abhängigkeit in Zusammenhang gebracht. Co-Abhängige entwickeln ihre eigene Sucht (z. B. Eßstörungen, Überaktivität, Arbeitssucht, Verschwendungssucht), und zuweilen geraten sie sogar an echte Drogen. Der Suchtprozeß sucht sich dann ein neues Krankheitsbild.

4. *Selbstbezogenheit*

Die Selbstbezogenheit ist beim Co-Abhängigen anders als beim Alkoholiker, aber nicht weniger zerstörerisch. Stellt man die beiden gegenüber, so hat man ein gutes Beispiel dafür, wie jede Einzelerkrankung ein Wesensmerkmal des Suchtprozesses in ihrer ganz bestimmten Ausprägung zeigt. Die Selbstbezogenheit des Co-Abhängigen ist von sehr subtiler Art, sind doch Co-abhängige nicht selten stolz, wie selbstlos sie sind (hört sich ganz schön selbstbezogen an, oder?).

Der Alkoholiker hingegen stellt sich und sein Trinken in den Vordergrund. In Alkoholikerfamilien dreht sich alles und jeder um den Trinker und um den Alkoholismus. Alkoholiker sind oft von krasser Überheblichkeit und erwarten, daß sich die ganze Welt nur um sie dreht. Ja, die Selbstbezogenheit von Alkoholikern geht sogar so weit, daß sie tatsächlich glauben, nur ihre Wahrnehmung der Dinge stimme, und die Wirklichkeit hätte sich danach zu richten.

Bei Co-Abhängigen zeigt sich die Selbstbezogenheit besonders häufig darin, daß sie glauben, alles was einem für sie wichtigen Menschen passiere, hätte irgendetwas mit ihnen – den Co-Abhängigen – zu tun. Co-Abhängige halten sich tatsächlich für den Mittelpunkt der Welt. Immer wieder kann man hören: „Du siehst so traurig aus! Was habe ich bloß getan?“ Ist jemand in der Familie wütend, so glaubt der Co-Abhängige, er sei die Ursache dafür und könne die Sache aus der Welt schaffen. Er nimmt *alles* persönlich! Seine Selbstbezogenheit ist auch sehr aufdringlich: Er hat so wenig Achtung vor dem anderen, daß er ihm nicht erlaubt, seine eigenen Probleme selber durchzuarbeiten. In seiner Selbstbezogenheit will er ständig vermitteln, als könnte und müßte er alles in Ordnung bringen. Co-Abhängige übernehmen für andere die Verantwortung – für ihre Gefühle, Gedanken, ja sogar für ihr Leben. Das ist die überaus sanfte, liebevolle und tödliche Form von Selbstbezogenheit. Es ist das Stigma des Co-Abhängigen.

Diese subtile Form der Selbstbezogenheit, die Abhängigkeit fördert und Abwehr erzeugt (Menschen hassen schließlich den, ohne den sie nicht leben können!), bringt für den Co-Abhängigen viel Leid und Verwirrung. In der Therapie muß deshalb dieses Symptom behutsam und einfühlsam angegangen werden. Ich habe als Beraterin immer wieder die Erfahrung gemacht, daß der Co-Abhängige oft den ganzen angestauten Schwall unbewältigter Feindseligkeit und Wut derer abbekommt, die ständig kontrolliert, beschwichtigt, manipuliert und wieder in eine neue Abhängigkeit geraten waren. Für den Co-Abhängigen ist diese Reaktion seiner Umwelt nur schwer zu verstehen – hat er denn nicht immer nur das Beste gewollt? Woher also all diese Feindseligkeit? Wenn der Co-Abhängige anfängt, sich mit seiner Krankheit auseinanderzusetzen, kann er nur sehr schwer erkennen, warum auch sein Verhalten selbstbezogen sein soll, besonders dann, wenn der Süchtige so offenkundig selbstbezogen ist.

Ich möchte noch einmal betonen, daß Selbstbezogenheit mit dem Fehlen von Grenzen zu tun hat. Da selbstbezogene Personen sich für den Mittelpunkt der Welt halten, müssen sie alles definieren und interpretieren. Sie wissen also nicht wirklich, wo sie aufhören und andere anfangen. Sie sind gefangen in dem Dualismus: „Das habe ich doch wirklich nicht verdient – was habe ich bloß getan?" Im Mittelpunkt steht das Ich.

5. Das Thema der Kontrolle

Für Co-Abhängige ist nichts so wichtig wie Kontrolle! Sie glauben wirklich, sie sollten und könnten alles kontrollieren! Je chaotischer die Lage, desto verzweifelter versuchen sie, die Kontrolle zu behalten. Diese übermenschliche Anstrengung ist meiner Meinung nach die Hauptursache für viele körperliche Erkrankungen.

In Alkoholikerfamilien kann man deutlich sehen, wie Co-Abhängige versuchen, das Trinken ihres Partners unter Kontrolle zu bringen. In Familien ohne Alkoholproblem fällt die Kontrolle jedoch nicht weniger gründlich aus. Co-Abhängige glauben wahrhaftig, sie könnten die Wahrnehmungen der anderen beeinflussen (durch Täuschungsmanöver): Wie andere ihre Familie sehen, was ihre Kinder erkennen und fühlen und was aus ihnen werden soll. Sie sind der festen Überzeugung, wenn sie sich nur noch ein bißchen mehr anstrengen, könnten sie ihre Familie wieder ins Gleis bringen und alles nach ihrer Vorstellung zum Guten wenden. Es gibt fast nichts, was der Co-Abhängige nicht gerne unter seiner Kontrolle hätte.

All diese vergeblichen Versuche, das Unkontrollierbare zu kontrollieren, führen zu schweren Depressionen, weil Co-Abhängige sich als Versager fühlen, wenn das nicht klappt. Und je mehr „Fehlschläge", desto mehr Depression und Negativität.

6. Gefühle

NICHT IN KONTAKT SEIN MIT SEINEN GEFÜHLEN. Co-Abhängige verlieren mehr und mehr den Kontakt zu ihren Gefühlen. Besonders anfällig für Co-Abhängigkeit sind meiner Meinung nach Menschen, die noch nie gut mit ihren Gefühlen umgehen konnten – was ich allerdings nicht beweisen kann. Sicher weiß ich aber, daß eingefleischte Co-Abhängige gewöhnlich nicht mehr in Kontakt mit ihren Gefühlen sind. Und haben sie einmal einen Zugang zu ihren Gefühlen, dann kommen diese übermächtig zum Ausbruch und überschwemmen alle Beteiligten (nicht zuletzt sie selbst).

Co-Abhängige sind so ausschließlich damit beschäftigt, die Erwartungen anderer zu erfüllen, daß sie den Kontakt zu ihren Gefühlen verloren haben. Sie sind so darauf programmiert, die Standpunkte anderer zu verstehen, daß sie ihre eigenen hintanstellen. Co-Abhängige glauben, sie müßten *verstehen*, wie der andere fühlt, und hätten deshalb kein Recht auf ihre eigenen Gefühle. Um ja akzeptiert zu werden, verdrängen sie ihre Erfahrungen.

Co-Abhängigkeit ist ein schrecklicher Zustand, denn der Co-Abhängige kann nicht tun, was er möchte. Er ist seinen Gefühlen so sehr entfremdet, daß er seine Wünsche überhaupt nicht äußern kann.

VERZERRTE GEFÜHLE. Da Co-Abhängige gelernt haben, daß nur „annehmbare" Gefühle gefühlt werden dürfen, haben sie gelernt, ihre Gefühle zu „verbiegen". (Häufig verdrehen sie ihre Gefühle, um das Bild aufrechtzuerhalten, das sie von sich selber haben.) Wenn z. B. Co-Abhängige gerne freundliche, nette Leute wären, aber das Saufen und süchtige Verhalten des Partners eigentlich verabscheuen, dann sind sie in ihrer eigenen Falle gefangen. Um ihr Selbstbild zu erhalten, verdrehen sie ihre Wut in Selbstgerechtigkeit. Da das weitgehend unbewußt abläuft, ist das ebenso verwirrend für den Co-Abhängigen wie für die Menschen seiner Umgebung.

Außerdem ist es so: Immer wenn wir Gefühle unterdrücken und verzerren, entstehen Groll, Wut und Depressionen, denen wir dann unkontrolliert Luft machen. Das ängstigt und verwirrt den Co-Abhängigen ebenso wie seine Umgebung. Werden diese Gefühle nicht mit einem entsprechenden therapeutischen Programm durchgearbeitet, so können sie in Eifersucht und Besitzgier ausarten. Da Co-Abhängige ein so angeschlagenes Selbstwertgefühl haben, können sie nicht glauben, daß andere Menschen aus freien Stücken gerne mit ihnen zusammen sind. Deshalb müssen Co-Abhängige andere Personen besitzen.

So wie Alkoholiker zur Flasche greifen, um ihre Gefühle zu betäuben, benutzen Co-Abhängige Beziehungen,

Sich-um-andere-Sorgen, Fressen und tausend andere Dinge, um sich ja nicht ihren Gefühlen stellen zu müssen. Mögen sich die Formen auch unterscheiden, der Zusammenhang mit der Sucht ist unübersehbar.

7. *Unehrlichkeit*

Aus vielerlei Gründen sind Co-Abhängige in einem Netz von Lügen verstrickt. Es ist unehrlich, nicht in Kontakt mit seinen Gefühlen zu sein und sie nicht äußern zu können. Es ist unehrlich, der eigenen Wahrnehmung nicht zu trauen und sie deswegen nicht mitzuteilen. Es ist unehrlich, ständig nur die Erwartungen anderer erfüllen zu wollen – gleich, ob sie für einen selber passen oder nicht. Es ist unehrlich, Täuschungsmanöver zu inszenieren.

Eine meiner Freundinnen erzählte mir von einem Erlebnis, das ein gutes Beispiel für diese verbreitete Unehrlichkeit des Co-Abhängigen ist. Die Geschichte illustriert, wie alltäglich diese Krankheit ist. Diese Freundin war unzufrieden mit ihrem letzten Haarschnitt. Auf Drängen der Mutter und Schwester machte sie einen Termin mit deren Frisör aus. Vorher ging sie aber zum Waschen und Legen zu ihrem eigenen Frisör, und der sagte ihr, sie müsse unbedingt wieder ihre Haare schneiden lassen. Aus Schuldgefühl erfand sie eine an den Haaren herbeigezogene Geschichte. Ihre Mutter und Schwester hätten ihr einen neuen Haarschnitt bei einem anderen Frisör geschenkt und sie könne dieses Geschenk leider nicht zurückweisen. Diese Art von Lüge – der Versuch, sich aus einer unangenehmen Situation herauszumanövrieren –, ist bezeichnend für den Co-Abhängigen. Daran nimmt schon niemand mehr Anstoß. Allerdings macht es uns leider krank.

Das Zwölf-Schritte-Programm lehrt uns, daß wir unsere innere Klarheit über alles andere in unserem Leben stellen müssen. Es lehrt uns ebenfalls, daß selbst die kleinste Lüge uns wieder in die Krankheit zurückwerfen kann. Um ihre Integrität wieder herzustellen, mußte meine Freundin „Abbitte" tun: Sie mußte sich ihre Unehrlichkeit eingestehen und dann tun, was nötig war, um mit ihrem Frisör ins reine zu kommen.

Ein anderes alltägliches Beispiel lieferte mir eine meiner Schülerinnen, die mich bat, eines meiner Bücher zu signieren. Ich war überrascht, denn ich meinte, sie besitze schon ein signiertes Exemplar. Sie erklärte, sie hätte sich neulich von ihrem Mann getrennt und er hätte das Buch mitgenommen. Damit war die Sache klar und ich vergaß die Unterhaltung.

Am nächsten Morgen war sie in Tränen aufgelöst und gestand, sie müsse mir etwas beichten: Ihr Mann hätte das Buch gar nicht mitgenommen, sie hätte es ihm gegeben. Und wenn auch diese kleine Lüge für mich harmlos sei – sie fühle sich ganz schlecht damit. Sie fühle sich immer unbehaglicher in meiner Gegenwart und hätte das Gefühl, es stünde eine Mauer zwischen uns. Da unsere Freundschaft ihr so viel bedeutete, mußte sie sich ihre Lüge eingestehen und sie mir beichten.

Für mich ist das Herausforderndste an dieser Krankheit, daß sie so alltäglich und verbreitet ist – genau das macht sie auch so heimtückisch. Wir haben viel mehr Übung, mit ihr zu leben als ohne sie. Aber wenn sie auch noch so verbreitet ist – Co-Abhängigkeit macht uns krank und wird uns töten. Also tun wir besser daran, sie ernst zu nehmen und uns zu bemühen, gesund zu werden.

8. Egozentrik

Co-Abhängige lechzen danach zu hören: „Ich konnte noch nie so wunderbar mit jemanden reden wie mit Dir!"

Ganz tief innen wünschen sich Co-Abhängige das, was sie sich unter der „großen Liebe“ vorstellen, was in ihrer Vorstellung wohl dasselbe sein dürfte wie Verschmelzung. Co-Abhängige fürchten nichts so sehr, wie verlassen zu werden. Sie wollen unbedingt an allem, was dem geliebten Menschen wichtig ist, beteiligt sein. Der Co-Abhängige kann es nicht ertragen, daß der andere ein Leben ohne ihn führt. Co-Abhängige brauchen es, gebraucht zu werden und müssen an allem teilhaben. An etwas Entscheidendem im Leben des anderen nicht teilzuhaben, bedeutet für sie verlassen zu werden.

9. Leichtgläubigkeit

Leichtgläubigkeit ist ein Wesensmerkmal von Co-Abhängigkeit, über das ich kaum je habe reden hören und das ich doch häufig beobachte.

Der Co-Abhängige glaubt fast alles, was man ihm sagt, ganz besonders, wenn ihm das Gesagte ins Konzept paßt. Leichtgläubigkeit ist sicher eine Form der Lüge sich selbst und anderen gegenüber. Den schlagendsten Beweis für die Leichtgläubigkeit des Co-Abhängigen kann man in dem Partner eines Alkoholikers finden: Er hält starr an dem Glauben fest, der Alkoholiker werde das Trinken schon lassen und dann wäre alles wieder gut. Wenn andere Leute schon längst aufgegeben haben, klammert sich der Co-Abhängige immer noch an die fixe Idee, alles werde wieder ins Lot kommen.

Da Co-Abhängige ihrer Wahrnehmung nicht trauen und nicht in Kontakt mit ihren Gefühlen sind, neigen sie dazu, anderen Leuten auch dann zu glauben, wenn diese offensichtlich lügen. Sie möchten ja glauben, und wenn sie wollen, daß etwas so oder so ist, *muß* es auch so sein. (Dies hängt vielleicht auch mit Kontrolle zusammen.) Co-

Abhängige sind miserable Menschenkenner, weil sie nur das sehen, was sie sehen wollen und hören, was sie hören wollen.

10. Verlust der eigenen inneren Moral

Die bereits beschriebene Unehrlichkeit ist nur eine Möglichkeit, wie wir unsere eigene innere Moral verlieren, weil wir sie – und damit auch uns – zerstören. Sie spaltet uns von unserer Spiritualität ab. Je tiefer wir in die Krankheit hineingeraten, desto selbstzerstörerischer verstricken wir uns in die Lüge. Selbstbetrug bedeutet immer Selbstzerstörung. Und wenn wir andere belügen, schaden wir nicht nur ihnen, sondern auch uns. Lügen ist eine schleichende Zerstörung unserer Spiritualität.

Eine andere Form der Selbstzerstörung ist die Vernachlässigung von Körper und Seele. Wenn wir uns unnötigem Streß aussetzen und uns dadurch krank machen, schaden wir damit auch unserer Seele.

Eine weitere, besonders tragische Form der seelischen Zerstörung ist unser Verhalten gegenüber Menschen, für die wir verantwortlich sind, die uns sehr am Herzen liegen, wie z. B. unsere Kinder. In dem Maße, wie wir uns in die Co-Abhängigkeit verstricken, tun wir denen, die wir lieben, nichts wirklich Gutes mehr. Wir versuchen weiterhin, gut für sie zu sorgen, indem wir sie und ihre Lebensumstände kontrollieren, aber dadurch fördern wir sie nicht wirklich.

Ich erkenne heute, daß ich mich früher ungeheuer abstrampelte, um meinen Haushalt in Schuß zu halten und dafür zu sorgen, daß meine Kinder alles bekamen, was sie (nach meiner Vorstellung!) brauchten. Ich war aber häufig innerlich gar nicht ansprechbar für sie, wenn sie mich brauchten. Das alles fraß meine ganze Energie, und dann war ich einfach zu erschöpft für all die scheinbar kleinen Dinge, die doch das Wesentliche sind: Zeithaben, Zuhören, einfach Da-Sein. Weil wir unbedingt „gute“ Eltern sein wollen, werden wir „schlechte“ Eltern und tun immer wieder Dinge, die uns hinterher leid tun. Auch hier handeln wir gegen unser innerstes Wissen, und das ist wieder ein Merkmal von Co-Abhängigkeit. Wir können uns davon nicht freimachen, ohne wieder mit unserem Selbst in Verbindung zu kommen. (Das Zwölf-Schritte-Programm der Anonymen Alkoholiker bezeichnet diese Entwicklung häufig als „geistiges Erwachen“.) In uns allen ist ein Funke des Göttlichen. Je tiefer wir in einen Suchtprozeß hineingeraten, desto mehr ersticken wir diesen göttlichen Funken in uns. Um wirklich gesund zu werden, müssen wir diesen Funken neu in uns entdecken.

11. Angst, Starrheit, Rechthaberei

Viel von dem, was Co-Abhängige in ihrem Leben tun, ist von Angst bestimmt. Sie ist der Grundstein jedes Suchtprozesses. Wer ständig in Angst lebt, wird immer starrer werden – in seinem Körper, in Seele und Geist. Für wen das ganze Universum erdrückend, verwirrend und voller Unheilsahnungen ist, der wird natürlich starr und muß alles kontrollieren. Co-Abhängige halten verzweifelt an dem Weltbild fest, das sie sich errichtet haben. Diese Starrheit zeigt, wie tief sie „in der Krankheit“ stecken.

Niemand wird sich darüber wundern, daß Rechthaberei aus Angst und Starrheit resultiert. Da der Co-Abhängige immer wieder dieselben Erfahrungen macht: Mangel an Selbstachtung, Unfähigkeit zur Kontrolle, Verwirrung, wird er immer rechthaberischer. Rechthaberei ist so sehr Bestandteil unseres Gesellschaftssystems, daß wir gar keinen Anstoß mehr daran nehmen. Wenn wir aber genauer hinschauen, wie es rechthaberischen Leuten ergeht (sie werden oft krank, selbstentfremdet, unglücklich und verbittert), dann erkennen wir die Rechthaberei ganz deutlich als Symptom einer Krankheit.

Verhaltensweisen, die die Krankheit auslösen

Bei der Arbeit mit Co-Abhängigen ist es wichtig, daß der Therapeut erkennt, welches Verhalten auf einen Rückfall in die Krankheit hindeutet. Ich möchte dieses Kapitel beenden mit einem kurzen Hinweis auf die Verhaltensweisen, die den Co-Abhängigen in seine Krankheit zurückwerfen können oder die darauf hindeuten, daß er erneut „erkrankt" ist.

Am Anfang des Genesungsprozesses macht die Krankheit einen so großen Bereich des Lebens aus, daß die Co-Abhängigen ihre Krankheit nicht als solche erkennen können. Sie erinnern sich nicht mal oder haben auch keine Vorstellung von einem Leben in „Gesundheit".

Im Laufe ihrer Therapie erfahren sie immer wieder kurze Augenblicke von „innerer Klarheit" und handeln dann, wie ich meine, aus einem System heraus, das mit unserem gewohnten Suchtsystem nichts mehr gemein hat. Diese Alternative nenne ich einen „konstruktiven Lebensprozeß", und ich glaube mittlerweile, daß zum wirklichen Gesunden ein *Systemwechsel* erforderlich ist. Je mehr der Co-Abhängige an sich arbeitet, desto mehr gewinnt er an Klarheit, desto häufiger handelt er aus diesem neuen System heraus. Er wird auch sensibler dafür, wann er in Gefahr ist, in die Krankheit zurückzufallen.

Ich habe einmal mit meinen Schülern eine Liste von über hundert Verhaltensweisen aufgestellt, die alle dazu führen, daß der „Genesende" wieder in seine Co-Abhängigkeit und seinen Suchtprozeß hineinschlittert. Es ist schlecht möglich, alle hier aufzuzählen, aber einige möchte ich doch erwähnen, damit Sie ein Gefühl für diese Auslösemechanismen bekommen.

- Vor allem ist da Unaufrichtigkeit. Die kleinste Lüge führt meistens dazu, den Co-Abhängigen aus seiner Klarheit herauszureißen und in die Krankheit zurückzuwerfen.
- Co-Abhängige fallen in die Krankheit zurück, wenn sie über eine dritte Person in einer Art und Weise reden, wie sie es in ihrer Gegenwart nicht tun würden; sie tun das, um Verbündete zu gewinnen und sich selber zu rechtfertigen.
- Immer wenn Co-Abhängige auf einen Menschen oder eine Situation fixiert sind, löst dies im allgemeinen die Krankheit aus.
- Wenn Co-Abhängige wieder zu kontrollieren und zu manipulieren anfangen!
- Wenn Co-Abhängige andere interpretieren und sich einbilden, sie wüßten mehr über den anderen als dieser über sich selber, sind sie bald wieder im alten Fahrwasser.
- Sich-selber-Vernachlässigen ist ein wunderbarer Humus für den Virus dieser Krankheit.
- Vergleichen ist eine Verlockung, sich wieder infizieren zu lassen. Vergleichen ist Suchtverhalten. Aussagen wie „Ich kann das längst nicht so gut" oder „Er ist viel besser als ich" oder „Wenn ich nur wäre wie sie" – all das sind Krankheitsauslöser.
- Andere beschuldigen und keine Verantwortung für sich selbst übernehmen ist unweigerlich ein Schritt in die Krankheit.
- Auch Eifersucht löst die Krankheit aus.
- Dualistisches Denken (Denken in Gegensatzpaaren

wie gut/böse, richtig/falsch, entweder/oder) führt immer wieder dazu, der Co-Abhängigkeit zu verfallen.

Dies sind nur einige der Auslösemechanismen, die wir entdeckt haben[5] – sie werfen uns unweigerlich in die Krankheit zurück. Sie haben eine ungeheure Macht und sind voll Hinterlist. Unsere wachsame Aufmerksamkeit wird uns helfen, immer mehr in einen konstruktiven Lebensprozeß überzuwechseln, der in keiner Beziehung zum Suchtprozeß steht.

5
Co-Abhängigkeit in ihrem kulturellen Zusammenhang

> Wenn wir vom Suchtprozeß sprechen, so sprechen wir von unserer Kultur, wie wir sie kennen.

Unsere Gesellschaft hält im allgemeinen das Unnormale für normal, wenn es allgemein verbreitet ist. Nun ist der Suchtprozeß ja offenkundig weit verbreitet, also gilt er als normal. Aber mögen auch die Vorstellungen, Verhaltensweisen und Anschauungen des Suchtsystems die statistische Norm in unserer Gesellschaft sein (Sharon Wegscheider-Cruse schätzt den Anteil der Co-Abhängigen an der Gesamtbevölkerung auf 96 Prozent), so sind sie deswegen noch lange nicht „normal“ für den menschlichen Organismus. Denn gerade das, was statistisch gesehen die „Norm“ ist, führt zu vorzeitigem Tod und macht Menschen unglücklich, zerstörerisch und zerstört. Ich kann nicht glauben, daß das der „normale“ Zustand des Menschen sein soll. Ich glaube nur, daß dieses Krankheitsbild leider in unserer Gesellschaft „die Norm“ geworden ist.

Wir leben in einer Gesellschaft, deren Institutionen auf dem Suchtprozeß aufgebaut sind und ihn noch ständig verstärken. In unserem Kulturkreis gilt zum Beispiel eine Ehe mit Suchtstruktur als völlig normal. Die meisten unserer Liebeslieder preisen die „süchtige“ Liebe und ihre Merkmale und Leiden: Besitzansprüche („Ich bin dîn, du bist mîn ...“), Aneinanderklammern, das Aufgehen im anderen (man braucht einen anderen, um die eigene Identität aufzubauen). Man bringt unseren Jugendlichen bei, nach solchen Beziehungen zu streben: Sie sollen einen Menschen suchen, der ohne sie nicht leben kann und durch den sie ihre Identität finden könnten. Liebes-Leid, d. h. Leiden, gilt als edel und unvermeidlich.

In diesem Kapitel möchte ich einige der hervorstechendsten Merkmale des Suchtprozesses untersuchen und nachweisen, wie sie in drei unserer wichtigsten Einrichtungen kultiviert werden – in der Familie, der Schule und der Kirche. Ferner werde ich aufzeigen, wie uns diese Institutionen so prägen, daß wir uns mühelos in das Suchtsystem einpassen und daß wir Menschen finden, mit denen wir co-abhängige Beziehungen knüpfen, und das System weitergeben, indem wir unsere Kinder entsprechend erziehen.

Mein Material stammt aus der persönlichen Erfahrung zahlreicher Betroffener. Da ich schon viele der Charakteristika des Suchtsystems und seine Erscheinungsformen besprochen habe, werde ich mich hier auf vier wesentliche Merkmale des Suchtprozesses beschränken, die ich noch nicht im einzelnen behandelt habe. Sie haben insbesondere zu tun mit der Familie, der Schule und der Kirche: 1. blockierte Gefühle, 2. Perfektionismus, 3. Unehrlichkeit und 4. zwanghaftes Denken.

Blockierte Gefühle

Familie und Gefühle

Nach Sharon Wegscheider-Cruses Definition kommt der Co-Abhängige aus einer emotional gestörten Familie. Viele unserer ehrwürdigen Erziehungsmethoden bringen Kinder dazu, den Kontakt mit ihren Gefühlen zu verlieren und zu lernen, ihre Gefühle nicht zum Ausdruck zu bringen. Wir alle wissen, wie offen und direkt Kinder sein können, und doch drillt man sie, „nett", „höflich" und „taktvoll" zu sein. Durch eine solche Erziehung sind sie oft unfähig oder nicht gewillt, ihre wirklichen Gefühle zu zeigen oder zu sagen, was sie wirklich wahrnehmen. Eine der Regeln in der co-abhängigen Familie (siehe Subby und Friel, Kapitel 2) besagt, daß man Gefühle nicht offen zeigen darf. Man sagt Dinge wie: „Sei ja lieb zu Tante Sarah" usw. Man verbietet ihnen nicht nur, ihre Gefühle zu äußern – man verbietet ihnen sogar, zu fühlen was sie fühlen. Da soll man nicht verrückt werden!

Auch manche „Familiengeheimnisse" führen dazu, daß Gefühle unterdrückt werden. Jedes Familienmitglied spürt irgendwie, daß es da ein Geheimnis gibt, über das man nicht reden darf, und daß über die Gefühle des Nicht-darüber-reden-Dürfens auch nicht geredet werden darf. Nach meiner Erfahrung sind es nicht nur Gefühle wie Zorn, Schmerz, Schuld und Panik, die nicht geäußert werden dürfen, sondern ebenso auch die fröhlichen und „positiven" Gefühle wie Glück und Freude. *Alle* Gefühle sind verdächtig. Da aber Gefühle eine wichtige Informationsquelle dafür sind, wie wir uns selbst und die Welt wahrnehmen, werden wir sehr anfällig für Manipulation und Kontrolle, wenn wir sie unterdrücken.

Eine meiner Freundinnen kommt aus einer Familie, in der man sich immer nur „gut" fühlen durfte. Die Hauptaufgabe für die Kinder in dieser Familie bestand nicht darin, sich zu entwickeln und ihr eigenes Leben zu leben, sondern zu beweisen, daß sie eine wunderbare Familie und wunderbare Eltern hatten. Fühlten sie sich anders und brachten sie dies gar noch zum Ausdruck, dann liefen sie Gefahr, den Familienmythos zu zerstören. Als Erwachsene wurden sie sich dieser ungeheuerlichen Verdrängung bewußt und bemühten sich, mit den ungelebten Gefühlen ihrer Kindheit in Kontakt zu kommen. Wenn sie sie jedoch im Familienkreis zeigen, heißt es: Du hast wohl „Probleme". Gefühle äußern heißt Probleme haben. Gefühle stören nur.

Dürften Kinder ihren Gefühlen freien Lauf lassen, so würden sie die Familie mit ihrer Wirklichkeit konfrontieren. Und nicht nur das – würden wir unseren Kindern helfen, ihre Gefühle zu entdecken und auszudrücken, müßten sie sich nicht vor ihnen fürchten und könnten herausfinden, warum sie so traurig, ängstlich oder fröhlich sind. Weil wir in der Familie Gefühle zudecken, taugen wir so gut für das Suchtsystem.

Wenn wir dem Suchtprozeß entkommen wollen, müssen wir lernen, unsere Gefühle wahrzunehmen, auszudrücken und durchzuarbeiten.

Schule und Gefühle

Wer mit der Schule zu tun hat, wird sich immer wieder schmerzlich bewußt, daß das Gefühlsleben der Schüler kaum entwickelt wird. Im Vordergrund stehen das logische, rationale und lineare Lernen, und da werden Gefühle höchstens als störend empfunden.

Wir lernen in der Schule zu äußern, was wir denken, aber nicht, was wir fühlen. Man bleut uns sogar ein, klares Denken müsse immer fein säuberlich getrennt sein von Gefühlen. Wenn wir als Kinder unsere Gefühle heftig äußerten, schickte man uns aus dem Zimmer, bis wir wieder „Vernunft annahmen" und uns wie ein „großer Junge", ein „großes Mädchen" verhielten.

Im Umgang mit Literatur und Kunst bringt man uns zum Beispiel bei, daß es nicht genügt, ein Gedicht oder Kunstwerk gefühlsmäßig zu erfassen. Wir müssen es analysieren und logisch, rational begründen können; wieso es gut oder schlecht ist. Können wir unseren Eindruck nicht rechtfertigen, so gilt er nichts.

Nun geben uns die Schulen nicht nur keine Unterstützung, unsere Gefühle kennenzulernen, sie zu ergründen und sie auszudrücken – sie erziehen sie uns förmlich ab. Sie bereiten uns auf das Leben in einer „Suchtgesellschaft" vor, in der „blockierte Gefühle" die Norm sind.

Hierzu ein Beispiel aus meinem eigenen Leben. Als mein Sohn in der vierten Klasse war, machte ihm der Sportunterricht auf einmal keinen Spaß mehr. Ich sprach mit dem Schuldirektor und dem Turnlehrer darüber und begriff auf einmal das Problem: Mein Sohn hatte während der ersten drei Schuljahre eine alternative Schule besucht und hatte dort Turnen und Leibesübungen als *Spaß* erlebt. In dieser freien Schule (man beachte das Wort „frei") spielte er während der Pausen und dem Turnunterricht und konnte sich da ordentlich austoben; in der normalen Schule mußten die Schüler immerzu antreten, marschieren, üben. Von Spaß konnte dabei keine Rede sein. Die anderen Kinder waren im öffentlichen Schulsystem aufgewachsen und wußten genau, was erwartet wurde; mein Sohn konnte das nicht wissen, also war *er* das Problem. Ich hingegen war der Meinung, daß der Turnlehrer und die Schulstruktur das Problem waren und daß ihr System bezweckte, die Kinder in eine starre und militaristische Gesellschaft einzupassen – und ich sagte das auch.

Im selben Jahr führte eine andere Lehrerin sogenannte „Gesprächskreise" ein, bei denen die Schüler die Gelegenheit bekamen, über ihre Gefühle zu sprechen. Von ihr erfuhr ich, daß mein Sohn der einzige in der Klasse war, der das überhaupt konnte. Er sei eine große Hilfe und ein Vorbild für die anderen. Sie meinte außerdem, wenn ein solches Kind in der Schule kaputtgemacht würde, dann sei das für sie ein Grund zu kündigen – und wirklich, bald darauf ist diese Lehrerin gegangen.

Unsere Schulen haben sich verschworen, das Lebendige in uns zu ersticken. Sie lehren uns, unsere Gefühle zu blockieren.

Die Kirche und die Gefühle

Die dritte Institution, die ich aufs Korn nehmen möchte, ist die Kirche. Alle „aufgeklärten" Kirchgänger wissen, daß zuviel Gefühl und Emotion eine Bedrohung für die Theologie darstellen (was so falsch nicht ist). Gefühle sind primitiv! Wir können doch nicht nur unseren eigenen Gefühlen, Instinkten und Einsichten trauen, wenn es sich um Gott handelt! Vielmehr sollen wir glauben, wir könnten Gott nur nahekommen durch rationales Denken und eine wissenschaftliche Theologie.

Ich hoffe, man merkt, daß ich das nicht ganz so ernst meine – ich selbst glaube das nicht, aber es ist wohl deutlich, daß die Institution Kirche den Gefühlen mißtraut. Ich berate zum Beispiel häufig weibliche Orden und habe festgestellt, daß Frauen, die sich auf das Klosterleben vorbereiten, systematisch darin unterwiesen werden, ihre Gefühle zu unterdrücken. Die vollkommene Nonne ist immer glücklich, immer um das Wohl ihrer Mitmenschen besorgt, immer fromm. Dazu muß sie jedoch ihre normalen menschlichen Regungen ständig verleugnen, unterdrücken und abtöten.

Das gleiche gilt für den guten Christen weiblichen Geschlechts: Eine Frau, die immer freundlich, fürsorglich, ausgeglichen, niemals wütend und von einer Engelsgeduld ist. Um diesem Bild zu entsprechen, muß sie ihre Menschlichkeit verleugnen und von Herzen unaufrichtig sein. Für mich sind „Immer-lieb-Sein" und „Unehrlich-Sein" unlösbar miteinander verbunden.

Lebendige Menschen haben Gefühle, eine Menge Gefühle. Und die sind eine überaus wichtige Informationsquelle. Wir sollen keine Gefühle haben, damit wir uns problemlos in eine Gesellschaft einpassen, die die Fülle des Lebens als bedrohlich empfindet.

Perfektionismus

Familie und Perfektionismus

Ein weiteres Merkmal des Suchtsystems ist Perfektionismus. In Subby und Friels Aufzählung der Regeln, die in einer gestörten Familie gelten, besagt Regel Nr. 4: Sei stark, gut, richtig, perfekt [1]. Wer das nicht bringt, ist ein Versager.

Bei meiner Arbeit mit Kindern von Alkoholikern, Co-Abhängigen und Alkoholikern höre ich immer wieder Aussagen wie: „Ich war nie gut genug", „Ich konnte es ihnen nie recht machen", „Ich konnte mich in der Schule noch so anstrengen, sie waren nie zufrieden". Und folglich glauben sie, wenn sie nur perfekt sein könnten, so wären sie akzeptabel, dann könnten sie dazugehören und alles wäre gut.

In der Familie dreht sich meistens alles darum, was Kinder falsch machen. Irene Kassorla, Autorin des Buches „Go for it", bemerkt, daß Eltern ihre Kleinkinder dauernd ermahnen „Tu dies nicht, tu das nicht" – und das aus lauter Liebe und weil sie nur das Beste für ihre Kinder wollen. Sie wollen aus ihren Kindern möglichst gute Menschen machen und erwecken damit in ihnen den Eindruck, sie könnten überhaupt nichts richtig machen. Sie begünstigen so einen zwanghaften Perfektionismus, da jedes Kind seinen Eltern gefallen möchte, und wenn es dazu perfekt sein muß, wird es sich alle Mühe geben, das zu erreichen. Kassorla empfiehlt, das „positive“ Verhalten der Kinder zu betonen. Diese Theorie mag etwas vereinfacht sein, gibt aber zu denken.

Eltern, die selber ein labiles Selbstwertgefühl haben, sind auch Perfektionisten. Sie sehen in ihren Kindern eine Art Erweiterung ihrer selbst und brauchen sie, um ihre Existenz zu rechtfertigen. Zwar lieben auch solche Eltern ihre Kinder; sie wollen wirklich nur ihr Bestes – aber sie sehen ihr Ziel nicht darin, daß Hans und Suse voll und ganz Hans und Suse werden. Für diese Eltern ist es am wichtigsten, daß die Kinder ein gutes Licht auf sie selbst werfen und daß die Kinder beweisen, was für gute Eltern sie sind. Kein Wunder, daß Eltern, die glauben, sie müßten dem geltenden Elternideal entsprechen, ihre „perfekten“ Erziehungsmethoden an ihre Kinder weitergeben.

Schule und Perfektionismus

Obwohl jeder weiß, daß unser Schulsystem ganz offensichtlich auf Perfektionismus eingeschworen ist, verdient der Sachverhalt doch eine genauere Untersuchung. Schon bei den Noten geht man davon aus, daß Vollkommenheit existiert, daß sie möglich und erstrebenswert ist. Dabei ist die Hypothese, daß es Vollkommenheit wirklich gibt, die gefährlichste dieser Behauptungen. Denn wenn es Vollkommenheit geben kann, müßte sie auch erreichbar sein. Dies ist jedoch eine irrige Annahme, denn Vollkommenheit ist kein menschlicher Wesenszug; sie ist eine göttliche Eigenschaft, d. h. so wie Gott in unserer Kultur verstanden wird. Auch hervorragende Schüler, die immer nur Einser schreiben, sind niemals perfekt: Sie hätten es ja immer noch besser machen können. Es ist aber in diesem Zusammenhang wichtig zu zeigen, daß sie nur *aus dem Blickwinkel anderer* nie vollkommen sein können;

in einem tieferen Sinn sind sie so, wie sie sind, vollkommen. Aber das steht nicht zur Debatte. Da die Gesellschaft an die Möglichkeit absoluter Perfektion glaubt, ist der Einzelne von vornherein zum Scheitern verurteilt.

Man muß sich einmal ein Schulsystem vorstellen, bei dem die Noten danach vergeben werden, wieviel Mühe sich ein Kind gibt. Wie anders würde unser Schulsystem aussehen, wenn wir Noten und Konkurrenz abschaffen würden, ein System, das die individuellen Unterschiede fördert und begünstigt, das niemanden fallen läßt.

Zwar wird innerhalb der Schule wenig von Perfektionismus gesprochen, aber man erkennt leicht, wie sehr auch dieser Anspruch unser gesamtes Schulsystem durchzieht. Solche unausgesprochenen Ideen und Erwartungen, die gar nicht in Frage gestellt werden, beeinflussen uns oft tiefer und unmerklicher als jene, die offen artikuliert werden. Unausgesprochene Ideen werden eben nicht hinterfragt und zur Diskussion gestellt, weil sie mit der Realität gleichgesetzt werden. So ist es in unseren Schulen, scheint mir, vollkommen selbstverständlich, solche Vollkommenheit zu erwarten. Dieser Charakterdefekt wird unseren Kindern fast unmerklich eingeimpft.

Kirche und Perfektionismus

Es scheint fast unnötig, noch ein Wort über die Kirche und den Perfektionismus zu verlieren, fordert uns doch schon die Bibel auf: „Seid vollkommen, wie euer Vater im Himmel vollkommen ist!“ Die Kirche als Institution hat dies auf ihre Weise gedeutet: „Seid wie Gott, so wie wir ihn interpretieren – allwissend und allmächtig!“ Wie ich schon gesagt habe, bedeutet das, durch und durch rational zu sein und nur solche Gefühle zuzulassen, die gesellschaftlich akzeptiert sind und unserem christlichen und göttlichen Idealbild entsprechen.

Die Kirche versteht unter Vollkommenheit so etwas wie Allmacht. Wer vollkommen ist, hat nicht nur sich selbst völlig unter Kontrolle, sondern auch die Dinge und Menschen. Damit geraten wir ganz schön ins Dilemma. Denn da wir weder unser eigenes Leben ganz unter Kontrolle haben können, geschweige denn das Leben anderer Menschen, sind alle derartigen Versuche zum Scheitern verurteilt. Und doch erwartet die Institution Kirche von ihren Gläubigen, ihren Priestern und Pfarrern, daß sie nach Vollkommenheit streben. Da wir etwas können sollen, was wir niemals können werden, müssen wir uns als Versager erleben. Versagen erzeugt Depression, und Perfektionisten sind depressiv.

Aber die Kirche setzt uns ja nicht nur ein unerreichbares Ziel, sie macht sich auch noch unentbehrlich, denn sie verspricht uns ihre Hilfe, dies unerreichbare Ziel doch noch zu erreichen.

Ich ziehe eine andere Deutung des „Seid vollkommen" vor, für mich heißt sie „Sei ganz und gar du selbst". Dann definiert kein anderer, wie wir sein müßten. Da wir Menschen sind, geht es darum, ganz Mensch zu sein und nicht vollkommen gottähnlich.

Unehrlichkeit

Familie und Unehrlichkeit

In dem Abschnitt über Familie und blockierte Gefühle habe ich gezeigt, wie die Familie ihre Kinder darauf „abrichtet", den Kontakt mit ihren Gefühlen zu verlieren und jene Gefühle zu leugnen, die nicht gesellschaftsfähig sind. In unserer Gesellschaft ist Unehrlichkeit die Norm, und die Familie erzieht uns gesellschaftsfähig.

Eine meiner Freundinnen war ein Inzestopfer. Noch andere Kinder dieser Familie sind mißbraucht worden, aber niemand durfte darüber reden, es war ein Familiengeheimnis. Daher wurde die Atmosphäre immer verlogener. Die Eltern hatten eine solche Angst, daß etwas herauskommen könnte, daß wirkliche Kommunikation in der Familie unmöglich wurde. Schließlich gab es so wenig Gesprächsstoff, daß jede Unterhaltung öde und langweilig wurde, ängstlich und verkrampft. Erst als einige der „Kinder" – dann schon erwachsen – eine Therapie machten und sich mit ihrer Vergangenheit auseinandersetzten, fanden sie ihre Sprache und konnten wieder miteinander reden. Dies ist ein Paradebeispiel für Erziehung zur Unehrlichkeit. Die Kinder lernten, daß es Dinge gibt, über die man nicht reden darf.

Eine weitere Form der Unehrlichkeit konnte ich in einer anderen Familie mit zwei halbwüchsigen Mädchen beobachten: Ich telefonierte einmal mit einer der Töchter, und sie erzählte, ihre Eltern seien nicht zuhause. Ich fragte, wo sie wären, aber das wußte sie nicht. Das wunderte mich, zumal die Eltern offenbar für mehrere Tage verreist waren. Als ich sie nach dem Grund der Reise fragte (neugierig wie ich bin), erzählte sie, ihre Mutter würde sich um einen Posten als Schulleiterin bewerben und der Vater sei mitgefahren. Ich war entzückt, wollte schon gratulieren und fragte nach dem Namen der Schule. Aber das wußte die Tochter auch nicht, denn ihre Eltern redeten nicht mit ihren „Kindern" über solche Dinge (dabei waren die schon in der Oberstufe!). Obwohl schließlich die ganze Familie von einem solchen Umzug betroffen sein würde, wurden die Töchter nicht eingeweiht. Auch dies ist Unehrlichkeit in der Familie.

Schule und Unehrlichkeit

Auch die Schule erzieht zur Unehrlichkeit. Eine Art, das zu tun, ist die Vereinheitlichung des Lernens. Das Schulsystem geht davon aus, daß alle auf die gleiche Weise lernen (nämlich visuell und nicht durch „Begreifen“ und Bewegung) und im selben Tempo. Der einzelne Schüler hat seine Lernweise und sein Lerntempo dem Klassendurchschnitt und dem Lehrer anzupassen. Diese Methode fördert förmlich die Unehrlichkeit.

Von den Schwierigkeiten meines Sohnes beim Sportunterricht habe ich schon erzählt. Diese Schwierigkeiten hatten unter anderem damit zu tun, wie der Sportlehrer mit den Schülern umging. Als ich mit dem Direktor darüber sprach, meinte er: „Es kann ja sein, daß der Turnlehrer nicht im Recht war, aber können Sie Ihrem Sohn nicht beibringen, daß er erst einmal mitmacht und hinterher kritisiert?“ Ich sagte: „Das kommt nicht in Frage, denn Unehrlichkeit um der Bequemlichkeit willen macht eines Tages das Lügen zur Gewohnheit, und dann kommt es zu solchen Tragödien wie dem Massaker von My Lai [2]. Ich möchte nicht, daß mein Sohn bei so etwas mitmacht und sich dann erst Gedanken darüber macht, wenn es passiert ist.“ Dieser Schulleiter plädierte für die schlimmste aller Unehrlichkeiten: Für den Selbstbetrug, mit dem alle Unehrlichkeit anfängt.

Ein anderes Beispiel habe ich während meiner Tätigkeit als Schulpsychologin erlebt: Eine weiße Schülerin, deren Vater an dieser Schule Lehrer war, verliebte sich in einen schwarzen Schüler, einem ausgezeichneten Sportler. Trotz unterschiedlicher gesellschaftlicher Herkunft und Rasse bedeutete den beiden ihre Freundschaft sehr viel. Zwar waren die Eltern von beiden zunächst außer sich, hatten sich aber dazu durchgerungen, den Dingen ihren Lauf zu lassen.

Ich hatte die Gelegenheit, mit beiden Schülern zu reden, mit beiden Elternpaaren und allen anderen Beteiligten. Bei einem Gespräch mit dem jungen Mann erfuhr ich, daß er kürzlich ganz plötzlich seiner Freundin mitgeteilt hatte, er könne sie von nun an nicht mehr treffen. Er wollte mir zunächst keinen Grund dafür nennen. Ich ließ aber nicht locker und erfuhr, daß der Schulleiter dem jungen Mann gedroht hatte, er würde dafür sorgen, daß er kein College-Stipendium bekäme, wenn er diese Beziehung nicht auf der Stelle abbräche. Er drohte ihm darüber hinaus mit Schulausschluß, wenn er von dieser Drohung etwas verlauten ließe. Der junge Mann war furchtbar erschrocken und zog sich von der Freundin zurück. Kein einziges Mitglied des Lehrerkollegiums war bereit zuzugeben, daß ein solches Verhalten ihres Schulleiters im Grunde auch für jeden einzelnen von ihnen bedrohlich war. Sie taten alle, als wäre nichts gewesen. So waren sie alle in diese Lüge verstrickt.

Ich habe in so vielen Schulen gearbeitet, daß ich ganz genau weiß, wie oft Autorität mißbraucht wird, um Moral und Gesetz mit Füßen zu treten, wie auch das Beispiel dieses Schulleiters zeigt. Schüler erkennen diese Art von Unehrlichkeit sehr wohl und lehnen sie auch ab, aber ihr Haß bleibt ohnmächtig, weil diese Unehrlichkeit in unserem Erziehungssystem verankert ist.

Kürzlich erfuhr ich in einem Workshop ein weiteres „Schulbeispiel" von Unehrlichkeit. Eine Frau erzählte ein Erlebnis aus ihrer Schulzeit, das sie als ausgesprochenen Verrat empfunden hatte: Die Kinder in der Klasse spielten der Lehrerin die üblichen Streiche – Reißnägel auf dem Stuhl, Gummischlangen auf dem Pult etc. Außerdem wurde gepfiffen, sobald die Lehrerin der Klasse den Rücken kehrte. Fragte sie nach dem Übeltäter, meldete sich natürlich niemand. Eines Tages hielt sie der ganzen Klasse eine Standpauke: „Wenn noch einmal jemand pfeift, dann kann er es ruhig zugeben, ich werde ihn nicht bestrafen." Am nächsten Tag pfiff diese meine

Workshop-Teilnehmerin und gab dies auch ganz freimütig zu. Die Lehrerin packte sie, zog sie nach vorne und sagte: „Wenn du nicht besser pfeifen kannst, dann darfst du jetzt da vorne üben!“ – was die Schülerin als schreckliche Demütigung empfand, zumal die Lehrerin versprochen hatte, einen ehrlichen Missetäter nicht zu bestrafen. Am nächsten Tag pfiff wieder jemand, und zwar ganz in ihrer Ecke. Die Lehrerin fragte sofort, ob sie schon wieder gepfiffen hätte. Sie verneinte natürlich, wurde aber trotzdem aus der Bank gezerrt, geschüttelt und als Lügnerin beschimpft. Das Schlimmste war nicht, daß diese Frau belogen worden war, sondern daß sie die Lektion bekam: Ehrlichkeit zahlt sich nicht aus. Noch nach vielen Jahren war ihr dieser Vorfall ganz lebendig in Erinnerung als eine frühe Erfahrung von „Betrug“.

Die Unehrlichkeit unseres Schulsystems zeigt sich auch darin, wie homosexuelle Lehrer behandelt werden. In den meisten Schulen müssen sie ihre Veranlagung ableugnen, um ihre Stelle nicht zu riskieren. Die Schüler wissen jedoch ganz genau, was los ist, und verlieren die Achtung vor diesem Schulsystem.

Wenn Schüler ständig Vorträge über Werte wie Ehrlichkeit und Aufrichtigkeit zu hören bekommen und gleichzeitig sehen, wie unaufrichtig die Lehrer sind, dann wirken die vorgelebten Beispiele tiefer als jene hohlen Worte. Die Erfahrung mit dem Verhalten der Lehrer wirkt viel tiefer als der Inhalt des Lehrstoffs – und so sind die Schüler häufiger damit beschäftigt, sich gegen ein solches System zu wehren. Das kostet so viel Energie, daß für das inhaltliche Lernen nicht mehr viel übrig bleibt. Und da niemand darüber reden darf, greift die Verlogenheit auch auf die Schüler über. Wenn wir nämlich die offenkundigen oder unterschwelligen Regeln eines Systems nicht bei Namen nennen dürfen, gewinnen sie Macht über uns.

Die Schule sieht eine ihrer Aufgaben darin, junge Menschen für eine Gesellschaft vorzubereiten, die auf der Lüge basiert. Solange man das nicht klar ausspricht, wird sich nichts ändern. Was wir erleben, wirkt viel stärker als jeder Lehrstoff. Die Unehrlichkeit der Co-Abhängigen besteht darin, daß sie ihre eigenen Bedürfnisse nicht kennen, daß sie sich an anderen orientieren und die Bestätigung ihres eigenen Wertes von außen erwarten. Und all dies lehrt die Schule aufs beste.

Kirche und Unehrlichkeit

In keiner Institution unserer Gesellschaft wirkt sich Unehrlichkeit so verheerend aus wie in der Kirche, denn hier geht es um unser innerstes Wesen, unsere Spiritualität. Wenn die Kirche zur Unehrlichkeit erzieht, muß die Seele Schaden nehmen.

Die Kirche verlangt so viel Unehrlichkeit von uns, daß ich überhaupt nicht weiß, wo ich anfangen soll. Am besten beginne ich wohl mit dem persönlichen Bereich und gehe dann zur Kritik an der Institution über.

Die folgenden Beispiele stammen aus den persönlichen Erfahrungen von Workshop-Teilnehmern. Wohl gemerkt, es handelt sich nicht um Leute, die der Kirche „eins auswischen" wollen. Sie haben einen starken Glauben und eine tiefe Spiritualität. Sie hätten der Kirche sehr gerne Glauben geschenkt, wurden aber durch ihre Erfahrungen zutiefst enttäuscht.

Eine Frau erzählte mir von ihrem älteren Bruder, der mit einer Gehirnlähmung zur Welt gekommen war. Als sie drei Jahre nach ihm geboren wurde, war er in seiner motorischen und sprachlichen Entwicklung noch stark zurückgeblieben. Deshalb war sie von Kindheit an in vielerlei Hinsicht seine Lehrerin, und sie machte es sich zur Aufgabe, ihm auch das Laufen beizubringen. Leider war er aber absolut nicht in der Lage, seine Bewegungsabläufe zu koordinieren. Sie litt sehr darunter. Da erzählte ihr eines Tages eine Nonne, sie müßte nur ganz rein sein, dann würde Gott alle ihre Gebete erhören. In dieser Nacht betete und betete das kleine Mädchen mit all der Inbrunst, die nur ein Kind aufbringen kann, ihr Bruder möge laufen lernen. Am anderen Morgen sprang sie aus dem Etagenbett und zerrte ihren Bruder auf die Füße. Er brach sofort zusammen. Ihr felsenfester Glaube war tief erschüttert. Natürlich hätte sie auch die Schuld bei sich suchen und sich einreden können, daß sie nicht keusch und rein genug war (ein probates Hintertürchen). Ihr Gefühl sagte ihr aber, daß man sie belogen und betrogen hatte.

Ein weiteres Beispiel: Eine Teilnehmerin, eine tiefgläubige Frau, die sich intensiv mit ihrem Glauben auseinandergesetzt hatte, erzählte mir, wie die Kirche sie belogen hatte. Ihr sei gesagt worden, Gott sei Lutheraner – genauer, Lutheraner der Synode Missouri – und wenn sie sich mit Andersgläubigen abgebe, brächte das ihren Glauben in Gefahr.

Hier haben wir es mit mehreren Ebenen von Unehrlichkeit zu tun. Zunächst hat niemand Gott gepachtet. Zweitens – und vielleicht wichtiger –: Welcher Unterschied zwischen dem, was ihre Kirche lehrte, und dem Glauben! Sie könnte dahinterkommen, daß sie einer „Gehirnwäsche" unterzogen worden war, wenn sie mit Menschen von außerhalb ihrer Kirche zusammentraf, und herausfinden, daß das, was man ihr eingetrichtert hat, möglicherweise mit Glauben nichts zu tun hat.

Eine ganz offensichtlich von der Kirche geforderte Unehrlichkeit ist der Anspruch, immer gut sein zu müssen. Ich meine damit nicht die Sorge um andere, Liebe oder Güte, sondern dieses „Gutsein". Ich habe die Erfahrung gemacht, daß gerade die Leute, die nach außen so überaus „gut" sind, ganz wenig Kontakt mit ihren Gefühlen haben. Sie haben oft so viele unterdrückte, ungelebte Gefühle, die unter einer glatten Oberfläche brodeln. Um so zu sein, wie die Kirche es von uns erwartet, müssen wir oft verleugnen, wer wir wirklich sind. Kein Mensch ist immer gut. Keiner ist immer ausgeglichen. Keiner mag immer für andere da sein. Keiner möchte sich ständig für andere aufopfern. Nur der Co-Abhängige spielt da mit, aber Co-Abhängigkeit ist eine Krankheit. Mit ihrer Erziehung zum „Immer-gut-Sein" erzieht uns die Kirche zur Unehrlichkeit.

Es ist interessant, wie dieser Anspruch zustande kommt. Ihm liegt nämlich zugrunde, daß wir einen anderen brauchen, der uns sagt, wie und wer wir sein sollen. Die typischen Wesenszüge eines „guten Christen" haben oft nicht das geringste mit dem zu tun, wie jemand wirklich ist. Stattdessen wird „Gutsein" völlig abstrakt als Tugend definiert. Wie die betreffende Person wirklich ist, spielt gar keine Rolle. Die Kirche und die Gesellschaft haben ein für allemal festgelegt, wie ein „guter Mensch" zu sein hat, und der Einzelne muß sich diesem vorgegebenen Ideal so gut wie möglich anpassen. Das ist fürchterlich unehrlich und respektlos, denn das heißt ja, daß Menschen, so wie sie sind, nicht richtig sind, und daß man deshalb irgendetwas Künstliches wie „Gutsein" von ihnen verlangen muß.

Man weiß heutzutage, wieviel Inzest und Mißhandlungen auch in sogenannten „christlichen Familien" vorkommen, die sich nach außen als musterhafte Familien geben. Dabei frage ich mich, inwieweit die Absolution bei der Beichte dieses Verhalten begünstigt und Unehrlichkeit fördert. Führen Beichte und Absolution am Ende dazu, daß man so weitermachen kann?

Die Unehrlichkeit der Kirche ist auf institutionaler Ebene mindestens ebenso ausgeprägt. Vor einigen Jahren sollte ich eine amerikanische Kirche zu einem speziellen Projekt beraten. Die Gruppe, mit der ich zusammenarbeiten sollte, hatte schon einiges erarbeitet und bat mich um mein Urteil. Als ich den Entwurf durchsah, war ich konsterniert. Erstens ging er am Thema vorbei, und zweitens – was noch schlimmer war – konnten die Empfehlungen in der Hand ungeschulter Projektleiter für weniger stabile Leute ausgesprochen gefährlich sein – sowohl physisch als auch psychisch. In meiner üblichen Offenheit fragte ich meine Auftraggeber, ob sie mich wirklich dabei haben wollten. Sie bekräftigten das, und so sagte ich ihnen meine Meinung. Später stellte sich heraus, daß viele Ausschußmitglieder ganz und gar meiner Meinung waren und daß auch ihnen bei diesem Projekt nicht wohl in ihrer Haut gewesen war.

Trotzdem entschlossen sie sich, das Projekt fortzuführen, gegen mein und ihr besseres Wissen. Obwohl sie wußten, daß das Vorhaben gefährlich war, wollten sie es nicht aufgeben – schließlich hatten sie bisher so viel Zeit und Geld investiert, daß sie um ihre Glaubwürdigkeit fürchteten. Das ist Unehrlichkeit auf institutionaler Ebene.

Denken Sie doch einmal nach über so eklatante Beispiele von Unehrlichkeit in unseren Kirchen: Da lehnen sie die Geburtenkontrolle ab und besitzen gleichzeitig Aktien von Unternehmen, welche die Pille herstellen! Da wird laut getönt über die Brüderlichkeit und Gleichheit aller Rassen, Geschlechter und Völker unter ihrem Schutz – aber bei der Vergabe einflußreicher kirchlicher Posten ist davon nichts zu merken! So sieht Unehrlichkeit in Institutionen aus, und die Kirche praktiziert sie im Kleinen wie im Großen.

Wenn unsere wichtigsten Institutionen, die uns so nachhaltig prägen, derart unehrlich sind und von uns dasselbe erwarten, dann müssen wir uns nicht wundern, daß viele Menschen nicht mehr wissen, was persönliche Integrität und Ehrlichkeit sind. Unehrlichkeit ist zwar ein wesentlicher Charakterfehler des Co-Abhängigen, aber er hat sie wahrlich nicht allein erfunden.

Zwanghaftes Denken

Familie und zwanghaftes Denken

Für Kinder, die in einem unehrlichen und undurchsichtigen Familiensystem aufwachsen, ist es eine Frage des Überlebens, daß sie versuchen herauszufinden, was „läuft" – um es dann kontrollieren zu können. In solchen Familien lernen sie zwanghaftes Denken.

In der Fachsprache redet man von „zwanghaftem Denken" meistens im psychiatrischen Zusammenhang, z. B. bei Schizophrenie. Ich fasse diesen Begriff viel breiter. Für mich liegt das wirre und zwanghafte Denken eines Alkoholikers (die Anonymen Alkoholiker nennen es „stinkin' thinking" = Verdrehtes Denken) und eines Co-Abhängigen auf derselben Linie wie das des Schizophrenen, nur nicht so ausgeprägt und intensiv. Diese Art des zwanghaften Denkens wird von unseren Familien, Schulen und Kirchen gefördert.

Verworrene Situationen erzeugen verwirrtes Denken. Wenn Unehrlichkeit in einer Familie die Norm ist, weiß kein Familienmitglied, was wirklich vorgeht, wer was gesagt hat, was wirklich ist etc. Angesichts solcher Verwirrung versucht unser Gehirn krampfhaft, die Situationen zu verstehen. In der Therapie zeigt es sich, daß dieses „verstehen wollen" ein unbewußter Kontrollwunsch ist, und fast immer aussichtslos. Zugrunde liegt die Illusion: Wenn ich verstehen kann, was vorgeht, dann kommt alles in Ordnung und ich auch. Nur mit zwanghaften Denkmustern und einem gewissen Größenwahn kann man sich einbilden, die Verwirrung verstehen zu können, sogar dann, wenn Verwirrung die Norm ist.

Schule und zwanghaftes Denken

Sie werden sich kaum wundern, wenn ich betone, daß die Schule fast ausschließlich an das logische, rationale, objektive und analytische Denken appelliert. Meiner Meinung nach sind diese Denkweisen – wenn sie nicht mit der Intuition, dem Gefühl (rechte Gehirnhälfte) und dem Körper im Gleichgewicht sind – ausgesprochen ungesund, und sie machten die Gesellschaft krank.

Was die Anonymen Alkoholiker „stinkin' thinking" nennen, ist dieses analytische obsessive Denken, das sich unentwegt darum bemüht, Dinge zu verstehen. Unsere pädagogischen Einrichtungen lehren uns, uns immer weiter von uns selbst und den Lerninhalten zu entfernen, wobei wir uns und andere zu Objekten machen und diese dann analysieren. Ich möchte bei weitem nicht den Eindruck erwecken, daß ich das analytische Denken nicht schätze. Analysieren kann mir ausgesprochen Spaß machen. Ich liebe mathematische Gleichungen und knoble gern an physikalischen und soziologischen Problemen herum. Ich kniee mich gern in ein Problem und versuche, die Lösung zu finden. Für mich ist das wie ein Spiel. Das Spiel kann aber tödlicher Ernst werden, wenn ich mir einbilde, ich müsse das Problem mit Gewalt lösen können – dann verrenne ich mich.

Die Tochter einer guten Freundin kam neulich bei einem schrecklichen, sinnlosen Autounfall ums Leben. Wir konnten noch so sehr versuchen, alle Einzelheiten zu analysieren, was geschehen war, konnten wir damit nicht ändern. Unsere genaue Analyse, unser Grübeln und zwanghaftes Rekonstruieren half hier überhaupt nicht.

In unseren Schulen üben wir uns nicht in intuitivem, nicht rational ganzheitlichem Denken. Sie helfen uns nicht, unsere Lebenserfahrung zu benutzen, und bringen uns nicht bei, alle unsere Quellen zur Erkenntnis auszuschöpfen, besonders unsere Gefühle. Und was noch schlimmer ist: Sie machen uns weis, wir würden versagen, wenn wir ein Problem nicht lösen können. Unser Verstand kann das Universum nicht begreifen, aber man lehrt uns, das sei möglich. Dies kann zur fixen Idee werden.

Kirche und zwanghaftes Denken

Wie sehr auch die Kirche diese Art des Denkens fördert (die so typisch ist für die Krankheit Co-Abhängigkeit), ist nicht leicht aufzuzeigen. Man könnte es am besten als „Kleingläubigkeit“ bezeichnen. Die Kirche versichert uns vor allem, daß wir unser Leben und unsere Bestimmung in der Hand haben, wenn wir das Richtige tun und die richtige Art von Menschen sind. Dies ist natürlich ein Irrtum, denn wir haben unser Leben nicht in der Hand. Wir können unser Leben allenfalls *beeinflussen.* Wenn wir denken, alles sei machbar, dann sind wir bereits in dem Suchtprozeß und der Krankheit Co-Abhängigkeit. Wenn wir uns anmaßen, das Steuer selbst in die Hand zu nehmen, zu sein wie Gott, dann verstricken wir uns im Suchtsystem.

Die traditionelle Theologie ist ein gutes Beispiel für diese Art des Denkens (das „stinkin’ thinking“ der A. A.). Für mich ist es abenteuerlich zu sehen, wie Gelehrte die Existenz eines lebendigen Gottes logisch und allein mit dem Verstand zu beweisen versuchen. Man hat uns gelehrt, verstandesmäßig über Gott nachzudenken, und je intellektueller wir werden, desto mehr drehen wir uns im Kreis. Dabei fehlt ein wesentlicher Aspekt, und unsere eigene Spiritualität wird verbogen, um in das Suchtsystem zu passen.

Unsere Suchtgesellschaft fordert von uns, unseren eigenen Wert herabzusetzen, unehrlich zu sein, uns von unseren Gefühlen abzuspalten und uns von anderen bestimmen zu lassen. So werden wir zu vorbildlichen Co-Abhängigen.

☆

Mit der Schilderung dieser vier Merkmale des Suchtprozesses und der Co-Abhängigkeit ist natürlich noch lange nicht alles ausgeschöpft. Es war mir vor allem wichtig aufzuzeigen, wie die Familie, die Schule und die Kirche zusammenarbeiten, um diese Krankheit zu fördern und zu erhalten. Wir müssen erkennen, wie diese Krankheit im System verankert ist, damit wir sie im richtigen Zusammenhang sehen.

6
Therapie und Co-Abhängigkeit

Ein Living-Process-Therapeut zu sein heißt, Erfahrungen weiterzugeben, wie wir ganz anders leben könnten.

Meine Erfahrung mit der Behandlung Co-Abhängiger stammt aus verschiedenen Bereichen: 1. der Erfahrung, die meine Familie und ich mit einer Familientherapie gemacht haben, 2. aus Gesprächen mit Patienten, Seminarteilnehmern und Freunden über deren Erfahrungen mit Behandlungsprogrammen für Familien und 3. aus meiner Berufserfahrung als Therapeutin.

Diese Erfahrungen haben mir gezeigt, daß es in der Therapie manche Fehleinschätzungen und irrige Ansichten gibt. Um die Behandlungsweisen wirksamer und heilsamer zu machen, müßten diese revidiert werden. Ich möchte aufzeigen, was man anders sehen müßte, und dann Behandlungsansätze zur Diskussion stellen, die ich in den letzten Jahren entwickelt und mit großem Erfolg erprobt habe. Obgleich mir und anderen Co-Abhängigen eine Therapie durchaus geholfen hat, habe ich doch gewisse grundlegende Bedenken gegenüber dieser Therapie. Darüber möchte ich gerne sprechen und meine Verbesserungsvorschläge darlegen. Mein Hauptanliegen ist es, Therapeuten auszubilden und sie bei ihrer Arbeit mit Co-Abhängigen zu begleiten.

1. Die Behandlung orientiert sich am Süchtigen

Wie ich schon zuvor gesagt habe, war die Behandlung der Co-Abhängigkeit gleichsam ein Nebenprodukt der Behandlung des Alkoholikers. Die Familie wurde häufig in die Behandlung einbezogen, um die Genesung des Alkoholikers zu unterstützen oder zumindest nicht zu behindern. In den Anfängen der Suchttherapie wurde der Co-Abhängige gebraucht, um den Kranken mit seiner Sucht zu konfrontieren oder ihn moralisch zu unterstützen. In beiden Fällen konzentrierte sich die Behandlung auf den Alkoholiker.

Zunächst wurde in der Sucht- und Drogentherapie überhaupt nicht erkannt, daß Co-Abhängige für ihr eigenes Leiden auch eine auf sie abgestimmte Therapie brauchen. Man sah oft nicht, daß Alkoholiker und Co-Abhängige mit vielen ähnlichen Problemen kämpfen, die auch gleich behandelt werden können; allerdings gibt es auch ganz gravierende Unterschiede, die bei der Behandlung berücksichtigt werden müssen.

Ich habe die Erfahrung gemacht, daß in der herkömmlichen Therapie Informationen hauptsächlich über Alkoholismus gegeben werden. Familienmitglieder, die an den wochenlangen Kursen teilnehmen, wissen am Ende eine Menge über Alkohol, aber fast nichts über ihre eigene Krankheit und wie sie damit umgehen sollen.

2. Co-Abhängige im akuten Stadium ihrer Krankheit

Viele dieser früheren Behandlungsansätze waren oft sogar auf subtile Art dem Co-Abhängigen feindlich gesinnt. Die Therapieprogramme wurden häufig von Leuten durchgeführt, die wohl trockene Alkoholiker, aber selbst *akute* Co-Abhängige waren. Das hatte bemerkenswerte Folgen:

1. Der Therapeut identifizierte sich zwar mit dem Alkoholiker, nicht jedoch mit dem Co-Abhängigen. Nun ist aber bei der Behandlung von Drogenabhängigen die wichtigste Aussage: „Ich weiß wie Du dich fühlst, denn ich habe das auch schon durchgemacht!" Kann sich nun der Berater nicht mit dem Co-Abhängigen identifizieren, steht er einer wirksamen Behandlung im Wege, erschwert sie und verläßt das Konzept der Suchthelfer.

2. Die Behandlung Co-Abhängiger wurde oft von Therapeuten geleitet, die selber große, ungelöste Probleme mit den Co-Abhängigen in ihrem eigenen Leben hatten. Da sie darüber hinaus ihre eigene Co-Abhängigkeit nicht erkennen und angehen konnten, waren die Ehepartner und Familien der Alkoholiker oft die Leidtragenden der ungelösten Probleme ihrer Therapeuten. So unterzog ich mich zum Beispiel mit meiner ganzen Familie einer Therapie für Co-Abhängige, die vom Leiter eines familientherapeutischen Instituts durchgeführt wurde. Er betonte ständig, wir seien kränker als der Alkoholiker. Ich empfand diese Aussage als ziemlich feindselig und belanglos. Schließlich wußten wir ja, daß wir krank waren, sonst hätten wir uns ja wohl nicht selbst diese Therapie verordnet. Uns ständig einzureden, wir seien kränker als der Alkoholiker, nutzte uns gar nichts. Heute weiß ich, daß Vergleichen („Du bist *kränker*") ein Wesensmerkmal von Co-Abhängigen ist. Also mußten wir auch die ungelösten Probleme unseres Beraters ausbaden.

Damit kommen wir zum 3. Punkt: Berater sind sehr häufig unbehandelte Co-Abhängige. Das bedeutet für mich, daß die Behandlung des Patienten oft ihre eigene (ihnen selbst unbewußte) Krankheit aktiviert. Es ist für Menschen, die sich ihre eigene innere Klarheit mühsam erkämpft haben, schon schwer genug, einer erneuten Ansteckung zu entgehen. Und für jemanden, der sich mit seiner eigenen Co-Abhängigkeit noch herumschlägt, ist das nahezu unmöglich!

Wir werden uns mehr und mehr bewußt, daß die Angehörigen der helfenden Berufe häufig chronische Co-Abhängige sind und daß Leute, die mit Alkoholikern arbeiten, in Gefahr sind, von ihren Klienten abhängig zu werden. Wir haben aber noch lange nicht erkannt, was das für die Behandlung des Co-Abhängigen bedeutet. Wir dürfen uns keine Illusionen darüber machen, wie oft wir, die wir die Co-Abhängigkeit behandeln, selber von ihr infiziert sind.

Die Krankheitssymptome in der Behandlung

AUSSENORIENTIERUNG: Ich habe schon eingehend erklärt, daß Außenorientierung ein Hauptmerkmal der Co-Abhängigkeit ist. Eine Behandlung, die sich nur auf den Alkoholiker und seine Bedürfnisse konzentriert, verhindert die Heilung der Co-Abhängigkeit.

VERGLEICHEN: Vergleichen und Besser-sein-Wollen sind Krankheitssymptome. Wenn sie in der Behandlung eine Rolle spielen, verhindern sie die Heilung.

KONTROLLIEREN: Ein Wesensmerkmal der Krankheit ist, alles kontrollieren zu wollen. Versucht der Therapeut zu kontrollieren, ist er selber nicht mehr unabhängig. So habe ich viele Berater sagen hören, ihre Patienten müßten mit ihren Gefühlen in Kontakt kommen, um gesund zu werden. Wenn die Klienten dann schließlich ihre Gefühle äußern, schaltet sich der Therapeut ein, fängt seinerseits an zu reden, wechselt das Thema oder streichelt den Klienten – lauter Mittel, die Gefühle des anderen unter Kontrolle zu halten.

AUF ALLES EINE ANTWORT HABEN: Co-Abhängige meinen,

es sei ihre Lebensaufgabe, für die anderen Antworten und Erklärungen zu finden. Interpretieren heißt aber, Co-Abhängigkeit zu praktizieren. Wer gesund werden will, muß selber mühsam seine eigenen Antworten finden, und das sollte Bestandteil der Therapie sein. Wer als Therapeut glaubt, er müsse interpretieren und Lösungen für andere parat haben, ist selber krank.

Dies sind nur einige der Schwierigkeiten, die ich bei der Behandlung von Co-Abhängigkeit sehe. Auf weitere Fragen werde ich in Kapitel 7 eingehen.

Die Behandlung der Co-Abhängigkeit im psychosozialen Feld

1. Das Problem nicht Erkennen. Zunächst muß man sich der Tatsache stellen, daß Psychotherapeuten die Krankheit Co-Abhängigkeit überhaupt nicht als solche erkennen und sie nur im Zusammenhang mit Sucht sehen. Die Angehörigen der psychosozialen Berufe haben den Suchtprozeß und das Syndrom Co-Abhängigkeit einfach noch nicht begriffen, weil sie latente Co-Abhängige sind und nicht erkennen, daß gerade ihr Beruf etwas mit ihrer Krankheit zu tun hat. Und was noch schlimmer ist: Die Gründer der psychologischen Schulen und Therapieansätze waren oft selber als aktiv Süchtige oder Co-Abhängige in den Suchtprozeß verstrickt. Jüngste Untersuchungen haben beispielsweise ergeben, daß Freud wahrscheinlich drogenabhängig war und daß deshalb seine Theorien zum Teil die typischen Denk- und Verhaltensmuster des Süchtigen aufweisen (zwanghaftes, dualistisches, logisches Denken etc.) – und die sind nicht gesund.
2. Kontrolle. Therapeuten der klassischen Schulen kontrollieren ihre Klienten. Vom Therapeuten wird erwartet,

daß er die Verantwortung übernimmt, daß er weiß, was für seinen Klienten gut ist, und daß er entsprechend handelt. Das ist Co-Abhängigkeit. Die Behandlung der Co-Abhängigkeit basiert auf einem co-abhängigen Konzept.

3. Bruchstückhaftes Heilen. Wenn man diese Krankheit nicht im großen Zusammenhang sieht und sich lediglich mit Einzelsymptomen befaßt, hat der Therapeut zwar die Illusion, etwas zu bewirken, aber er geht an der Hauptsache vorbei. Wer zum Beispiel mit Narzißmus arbeitet und dabei nicht erkennt, daß Narzißmus zu der Selbstbezogenheit des Suchtprozesses gehört, verfehlt das Wesentliche.

4. Zugang über den Intellekt. Ich glaube nicht, daß eine Heilung der Co-Abhängigkeit möglich ist, wenn der Therapeut nur kognitiv vorgeht. Zunächst muß man mit den Gefühlen und dem inneren Prozeß arbeiten und dann erst darüber reden – und nicht umgekehrt. Die klassischen Therapeuten wissen nicht, wie sie das machen sollen.

5. Spiritualität. Von der Krankheit Co-Abhängigkeit kann nur genesen, wer auch die heilenden spirituellen Kräfte erkennt und nutzt. Klassische Therapeuten wissen nicht, wie sie das machen sollen. Sie sind sogar sehr mißtrauisch allem Spirituellen gegenüber. Man verwechselt nämlich Spiritualität mit Religion und weiß mit beidem nichts anzufangen[1].

Neue Behandlungsmodelle und was in der Behandlung angesprochen werden muß

1. Zweigleisige Behandlung. Co-Abhängigkeit ist zugleich eine generische systemische Erkrankung und eine spezifische Krankheit. Eine Therapie kann nur dann er-

folgreich sein, wenn sie beide Aspekte berücksichtigt. Das heißt, Co-Abhängige müssen sowohl etwas über den zugrundeliegenden Suchtprozeß als auch über seine spezifischen Ausformungen in der Co-Abhängigkeit lernen. Beides ist unerläßlich.

2. Co-Abhängige brauchen den Kontakt zu anderen Co-Abhängigen. Wie Alkoholiker brauchen auch Co-Abhängige zum Gesundwerden die Unterstützung anderer Co-Abhängiger, die ihnen mit ihren Erfahrungen helfen. Sie können und sollen sich gegenseitig „behandeln“ und voneinander lernen. Der Heilungseffekt solcher Gruppen, in denen sich alle mit den gleichen Problemen befassen, kann gar nicht hoch genug eingeschätzt werden.

3. Das Therapeuten-Team. Das Therapeuten-Team sollte aus ehemaligen Co-Abhängigen bestehen, die ihre Krankheit annehmen, sie bearbeiten und bereits zu einer gewissen inneren Klarheit gekommen sind. (Solche Menschen können sagen: „Ich weiß, wie Du dich fühlst!“) Es ist wichtig, daß sich die Therapeuten darüber im klaren sind, daß ihre Arbeit mit Co-Abhängigen sie selbst immer wieder in Gefahr bringt, rückfällig zu werden. Daher müssen sie sorgsam sowohl auf sich als auch auf ihre Klienten achten. Wenn sie nicht zugeben, daß sie sich um die eigene Genesung bemühen, werden sie Teil des Problems und stehen der Heilung des Klienten im Wege.

4. Eine rein kognitive Behandlung ist nicht ausreichend. Eine rein kognitive Behandlung genügt nicht, um den Co-Abhängigen zu heilen. Die Heilung wird nur verzögert, wenn wir ausschließlich analytisch, rational und logisch vorgehen. Janet Woititz, Sondra Smalley und Sharon Wegscheider-Cruse – um nur einige Autoren zu nennen – haben sich mit den Ursachen der Co-Abhängigkeit beschäftigt. Das führte sie zu interessanten und auch hilfreichen Erkenntnissen. Aber ich kann mich des

Eindrucks nicht erwehren, daß der Therapeut ein solches Wissen vorwiegend für seine eigene Sicherheit braucht. Wenn sein Wissen ihn daran hindert, mit den Gefühlen und dem inneren Prozeß des Klienten zu arbeiten, kann die Behandlung darunter leiden. Man kann von mir aus gerne darüber spekulieren (wie Smalley und andere es getan haben), ob Co-Abhängigkeit etwas mit einer Erziehung zu tun hat, die darauf abzielt, in den Kindern Schuld- und Schamgefühle zu erzeugen. Wenn aber ein solches Theoretisieren und Erklären den Menschen davon abhält, auf seine Weise zu solcher Einsicht zu kommen, kann ihn das in seiner Genesung zurückwerfen. Es kann sogar bewirken, daß er in der Krankheit steckenbleibt.

Um zu genesen, müssen Co-Abhängige ihren eigenen tiefen Prozeß wirklich *durchleben* und durcharbeiten.

5. Das Modell der Familientherapie. Ein Modell der Familientherapie wie zum Beispiel die Familienrekonstruktion kann nützlich aber auch unangebracht sein. Mit der Theorie, daß Co-Abhängigkeit eine Familienkrankheit ist, wird nur ein Aspekt der Krankheit erfaßt. Deshalb sollte die Familientherapie auch nur ein Teil der Gesamttherapie sein. Co-Abhängigkeit ist eben auch eine Krankheit des Einzelnen, und dem muß die Behandlung Rechnung tragen. Die Dynamik des Familiensystems zu verstehen und zu bearbeiten ist sicher hilfreich, aber letztendlich muß der Einzelne die Verantwortung (nicht die Schuld!) für sich selbst übernehmen und sein eigenes Leben leben. Liegt der Akzent zu sehr auf der Therapie der Familie, so besteht die Gefahr, daß dem Einzelnen die Möglichkeit genommen wird, seinem eigenen Prozeß und dessen innerem Gesetz zu folgen.

6. Das Suchtsystem. Co-Abhängige müssen ein Gespür für das Suchtsystem bekommen und erkennen, wie ihre eigene Krankheit damit zusammenhängt. Sie können

sonst nicht begreifen, was ich mit dem Begriff „Systemwechsel“ meine und welch entscheidender Stellenwert einem solchen Wechsel in der Therapie zukommt.

7. Das Zwölf-Schritte-Programm. Ich halte das Zwölf-Schritte-Programm für das beste therapeutische Werkzeug bei der Behandlung von Co-Abhängigkeit. Es ist wie kein anderes geeignet, einen Systemwechsel zu bewirken. Eine Heilung von Co-Abhängigkeit (oder anderen Suchtprozessen!) heißt meiner Meinung nach, den Schritt aus dem Suchtsystem in einen konstruktiven Lebensprozeß (Englisch: living process) zu tun, der, davon bin ich fest überzeugt, das normale, gesunde System für den menschlichen Organismus ist.

8. „Living-Process-Therapie“. In den vergangenen fünfzehn Jahren habe ich eine Therapie entwickelt, die ich „Living-Process-Therapie“ nenne. Das Wort „Prozeß“ allein war mir unzureichend, weil es von so vielen Leuten auf ganz unterschiedliche Weise gebraucht wird. Viele Therapeuten sagen, daß sie mit Prozessen arbeiten, Prozeßtherapie machen. Ihre Arbeit hat nichts mit meiner gemeinsam. Vieles, was sich „Prozeßtherapie“ nennt, bleibt im Suchtsystem verankert. Ich sage oft zu meinen Schülern, ein Living-Process-Therapeut zu sein heißt, sein Leben von Grund auf zu ändern. In dem Maße, wie wir selbst diesen Systemwechsel vollziehen, können wir anders mit unseren Klienten arbeiten. Ich habe seit vielen Jahren Menschen (vor allem Therapeuten) in meiner Living-Process-Therapie ausgebildet. Dabei liegt der Schwerpunkt auf dem Durcharbeiten der eigenen Prozesse. So kann sich der Einzelne mit dem Suchtsystem und seiner Co-Abhängigkeit auseinandersetzen und den Systemwechsel vollziehen. Diese Living-Process-Therapie umgeht das Kognitive, arbeitet mit anderen Bereichen des Gehirns und der Person und vervollständigt dann den

Prozeß durch zusätzliches Verstehen auf der kognitiven Ebene. Damit geschieht eine wirkliche Heilung und nicht nur eine bessere Anpassung.

9. Kombinierte Therapien. Nach meiner Erfahrung können Co-Abhängige am wirksamsten durch eine Kombination der oben beschriebenen Therapien behandelt werden. Co-Abhängigkeit ist wie Alkoholismus eine heimtückische Krankheit. Aber jeder, der ernstlich an sich arbeitet und bereit ist, sich auf den Systemwechsel einzulassen, kann mit Sicherheit gesund werden. Dasselbe gilt auch für alle anderen Syndrome des Suchtprozesses. Zum Gesunden bedarf es der Unterstützung guter „Werkzeuge" (wie vorher beschrieben) und harter Arbeit. All dies steht uns zur Verfügung!

Ich halte eine Kombination von Living-Process-Therapie und Zwölf-Schritte-Programm für die beste Methode im Kampf gegen Co-Abhängigkeit. In den Händen eines erfahrenen Prozeßtherapeuten, der das Zwölf-Schritte-Programm selbst durchgearbeitet hat, wird die Heilung schnell fortschreiten.

7
Ausschau

> Um den Suchtprozeß nicht weiter zu unterstützen, müssen wir neue Wege und Theorien finden, die besser mit unserer Erfahrung und unserem Wissen übereinstimmen.

Wir haben in diesem Buch einige ziemlich unorthodoxe und sicher auch aufregende Ideen über die Krankheit Co-Abhängigkeit erörtert, wir haben die verschiedenen Theorien und unterschiedlichen Ansätze kennengelernt, wir haben erkannt, daß Co-Abhängigkeit ein Teil des Suchtprozesses ist und daß ein Hinüberwechseln in ein Living-Process-System möglich ist. Ich bin davon überzeugt, daß mein Konzept der Co-Abhängigkeit helfen kann, ein ganz neues Verständnis vom gesunden und ganzheitlichen Menschen zu erschließen.

Damit jedoch dieser Systemwechsel vollzogen werden kann, müssen wir grundlegend die Art und Weise ändern, in der wir die Welt wahrnehmen und über sie denken. Wir müssen dazu all die Erfahrungen nützen, die wir in der Suchttherapie, in der Frauen- und Männerbewegung, in der Familientherapie, im psychosozialen Feld und in spirituellen Erlebnissen gewonnen haben. Es wird nötig, ganz neue Modelle zu entwickeln, die nicht in dem Suchtprozeß und seinen Krankheiten wurzeln. Um den Suchtprozeß nicht weiter zu unterstützen, müssen wir neue Wege und Theorien entwickeln, die besser mit unserer Erfahrung und unserem Wissen übereinstimmen.

Wie schon zuvor erwähnt, habe ich schwere Bedenken hinsichtlich der neueren Entwicklungen auf diesem Gebiet. Es wird ein beängstigender Kampf um Ansehen, Klienten und Geld zwischen den verschiedenen Therapiezweigen ausgetragen. Die Behandlung Suchtkranker und Co-Abhängiger ist heute das große Geschäft. Bis vor kurzem bestanden die Therapeuten-Teams vorwiegend aus Leuten, die die Krankheit selbst durchgemacht hatten. Da aber viele von ihnen keinen akademischen Titel besitzen (sie sind häufig „nur" Suchtberater), haben sie in der traditionellen Medizin und Psychotherapie so gut wie keinen Einfluß, kein Geld, keine Macht und kein Prestige. Um anerkannt zu werden, ihren Status zu verbessern und Einfluß zu gewinnen, müssen sie in die eingefahrenen Gleise der Psychotherapie und Medizin einschwenken, d. h. wieder die Schulbank drücken, um eine klassische Ausbildung als Berater, Sozialarbeiter, Krankenpfleger oder Psychologe nachzuweisen. Das macht mir Sorgen, denn ich bin davon überzeugt, daß diese Leute durch eine traditionelle Ausbildung in ihrer Arbeit mit Co-Abhängigen und Süchtigen eher verunsichert werden. Denn was sie da an Theorie und Praxis lernen, bleibt in den Grenzen des Suchtsystems. (Die meisten Ärzte und Psychotherapeuten, die sich tatsächlich gute Kenntnisse in der Sucht- und Drogenbehandlung aneignen, sind meist selbst ehemalige Süchtige.) Da die Schulmediziner und die Akademiker im psychosozialen Feld eine so große Machtstellung im öffentlichen Leben haben, fürchte ich auch, daß sie die Drogenbehandlung unter ihre Kontrolle bekommen könnten.

Allerdings darf man eine weitere Gruppe von ausgebildeten Therapeuten nicht vergessen: Ich meine jene Akademiker, die zwar eine klassische Ausbildung genossen haben, später jedoch gezwungen waren, die eigenen Süchte und die eigene Co-Abhängigkeit anzugehen. Sie sind durch die Hölle ihrer Sucht gegangen und sind verändert daraus hervorgegangen. Diese Sozialarbeiter, Psychologen, Geistlichen, Ärzte, Psychiater und Berater kommen von einer anderen Seite. Sie wissen, daß gewisse Charakteristika der traditionellen Psychiatrie und Psychologie – wie zum Beispiel Verdrängung, Kontrolle, Unehrlichkeit – ständig ihre eigene innere Klarheit gefährden. Sie arbeiten mit dem Zwölf-Schritte-Programm und wissen um die Bedeutung der Spiritualität für jede Heilung. Sie haben einen völlig anderen Zugang zu Co-Abhängigkeit als das medizinische Establishment. Diese Gruppe von Menschen ist für mich außerordentlich wichtig. Sie gehört nämlich einerseits durch ihre Ausbildung „dazu" und hat deshalb Einfluß; andererseits bringt sie ihre eigenen Erfahrungen mit der Krankheit in ihre Behandlungsmethoden ein.

Die meisten dieser Leute arbeiten heute in Zentren der Drogenbehandlung, und sie haben da einen großen Einfluß, der sich jedoch nicht auf den psychosozialen und medizinischen Bereich im ganzen erstreckt.

Ich bin überzeugt, daß sich das ändern wird. Es ist sehr wohl möglich, daß gerade von der Sucht- und Drogentherapie jene neuen, entscheidenden Impulse kommen werden, die nötig sind, um dem Einzelnen wie auch unserer Gesellschaft zu helfen.

Wenn es – wie ich glaube – wahr ist, daß der größte Teil unserer Gesellschaft auf die eine oder andere Weise mit Co-Abhängigkeit zu tun hat, dann ist dies ein existenzielles Problem. Und wenn die klassischen Theorien ihre Wurzeln in dieser Krankheit haben, hat es keinen Sinn, an den Symptomen herumzudoktern: Wir müssen radikal umdenken.

Dieses Umdenken, dieser Systemwechsel, findet heute schon statt, und ich bin davon überzeugt, daß das Konzept der Co-Abhängigkeit eine bedeutsame Rolle dabei spielen kann. Wir können uns davon wichtige Veränderungen in der Politik, im Finanzwesen, in der Wissenschaft und in unserem persönlichen Leben erwarten. Wir leben in einer Zeit aufregender neuer Möglichkeiten, nur dürfen wir uns diesen neuen Ideen und Einsichten nicht verweigern. Ich glaube, die Zeit ist reif für grundlegende Veränderungen. Laßt uns das unsere dazu tun!

Nachweise

Einleitung

1. ROBERT SUBBY: Inside the Chemically Dependent Marriage Denial and Manipulation, in: Co-Dependency: An Emerging Issue. Pompano Beach, Fla.: Health Communications (1984) 29.

Kapitel 1

1. CHARLES WHITFIELD: Co-Dependency: An Emerging Problem Among Professionals, in: Co-Dependency (s. oben) 51.
2. Dies war Thema meines Buches: Women's Reality, deutsch: Weibliche Wirklichkeit. Wildberg: Verlag Mona Bögner-Kaufmann (1985).

Kapitel 2

1. SHARON WEGSCHEIDER-CRUSE: Co-Dependency: The Therapeutic Void, in: Co-Dependency (s. oben)1.
2. SUBBY, 26.
3. SUBBY, 26.
4. SUBBY, 27.
5. ROBERT SUBBY und JOHN FRIEL: Co-Dependency: A Paradoxical Dependency, in: Co-Dependency (s. oben) 32.
6. SUBBY und FRIEL, 33.
7. WHITFIELD, 45.
8. EARNIE LARSEN: Basics of Co-Dependency. Brooklyn Park, Minn.: E. Larsen Enterprises (1983).

Kapitel 3

1. Das Zwölf-Schritte-Programm wurde mit Erlaubnis der Alcoholics Anonymous World Services, Inc., abgedruckt.
2. Whitfield: Co-Dependency: An Emerging Problem Among Professionals, S. 50–51.
3. Kathy Cappell-Sowder: On Being Addicted to the Addict: Co-Dependent Relationships, in: Co-Dependency (s. oben) 20.

Kapitel 4

1. Das Suchtsystem ist Thema eines weiteren Buches, an dem ich gegenwärtig arbeite.
2. Masanobu Fukuoka: The One Straw Revolution, New York: Bantam (1985).
3. Sharon Wegscheider-Cruse: Co-Dependency. St. Paul, Minn.: Nurturing Networks, Inc. (1984), S. 3–4.
4. Charles Whitfield: Co-Alcoholism: Recognizing a Treatable Illness. Family and Community Health 7, Summer 1984.
5. Mehrere Autoren haben ähnliche Charakteristika und Verhaltensweisen beschrieben, die zu einem Rückfall in die Krankheit führen können bzw. den Rückfall selbst kennzeichnen, so z. B. Terence T. Goski und Merlene Miller: Counseling for Relapse Prevention. Independence, Mo.: Herald House (1982).

Kapitel 5

1. Subby und Friel, 38.
2. Bei My Lai verübten amerikanische Soldaten im Vietnam-Krieg ein Massaker unter der Zivilbevölkerung.

Kapitel 6

1. CHARLES WHITFIELD veröffentlichte kürzlich ein neues Buch zu diesem Thema, betitel: Alcoholism, Other Drug Problems, Other Attachments, and Spirituality: Stress Management and Serenity during Recovery", Baltimore: The Resource Group, 1985.